影响人生的书单

来自百位北大教授的推荐

任羽中　李喆　主编

北京大学党委宣传部
北京大学招生办公室　编

北京大学出版社
PEKING UNIVERSITY PRESS

图书在版编目(CIP)数据

影响人生的书单：来自百位北大教授的推荐 / 任羽中，李喆主编；北京大学党委宣传部，北京大学招生办公室编． —北京：北京大学出版社，2022.1
ISBN 978-7-301-32462-2

Ⅰ.①影… Ⅱ.①任… ②李… ③北… ④北… Ⅲ.①推荐书目— 世界 Ⅳ.① Z835

中国版本图书馆 CIP 数据核字（2021）第 178795 号

书　　名	影响人生的书单：来自百位北大教授的推荐 YINGXIANG RENSHENG DE SHUDAN: LAIZI BAIWEI BEIDA JIAOSHOU DE TUIJIAN
著作责任者	任羽中 李喆 主编　北京大学党委宣传部 北京大学招生办公室 编
责任编辑	李冶威
标准书号	ISBN 978-7-301-32462-2
出版发行	北京大学出版社
地　　址	北京市海淀区成府路 205 号　100871
网　　址	http://www.pup.cn　新浪微博：@北京大学出版社 @培文图书
电子信箱	pkupw@qq.com
电　　话	邮购部 010-62752015　发行部 010-62750672 编辑部 010-62750883
印刷者	天津联城印刷有限公司
经销者	新华书店
	880 毫米 ×1230 毫米　32 开本　11.75 印张　200 千字 2022 年 1 月第 1 版　2022 年 1 月第 1 次印刷
定　　价	86.00 元

未经许可，不得以任何方式复制或抄袭本书之部分或全部内容。
版权所有，侵权必究
举报电话：010-62752024　电子信箱：fd@pup.pku.edu.cn
图书如有印装质量问题，请与出版部联系，电话：010-62756370

编委会

主　　编：任羽中　李　喆

执行主编：唐金楠　郭俊玲

编　　委（按姓氏汉语拼音字母为序）：

陈　波　郭俊玲　黄昭华　靳　戈　来星凡　赖　钰
李　涛　李　喆　林　莉　罗　玲　吕成敏　覃斠斠
卿　婧　任羽中　谭诗颖　汤继强　唐金楠　王明舟
王颜欣　王钰琳　熊光辉　姚　畅　易　昕　于晓凤
张　琳　张　硕

与北大教授一起开启阅读时光

前言

古人云,世间百年旧家无非积德,天下第一好事还是读书。"书犹药也,善读之可以医愚",于是我们知晓唯有读书,方能让人走出愚昧的藩篱,抵达辽远的人生。然读书绝非易事,须用功,须经历,须坚持。"立志宜思真品格,读书须尽苦功夫。"读书之法,在循序渐进。"读书,能读其厚,以增知识;能读其薄,以阅经典;能读其透,以明道理;能读其破,以悟得失。"若不得法,或有害无益。

好在大师身旁宜聆教,未名湖畔好读书。燕南园的风物在书香墨影中浸润百年,我们望进一间书窗,轻抚一张旧桌,都好似窥见了诸多"文化巨匠"留下的痕迹斑斑——譬如告诫我们"读书好,好读书,读好书"的冰心先生;譬如直言"书是读不尽的……须慎加选择"的美学宗师朱光潜;又如将自己毕生读书经验凝练为四条箴言,而首要一条则为"精其选"的哲学大家冯友兰……既已明悉"立身以立学为先,立学以读书为本"的道理,那么读什么书、如何读书的方法,固然须得好一番琢磨;而有大师教诲,我们在读书这件益事中,也将更上一层楼。

"师者，所以传道受业解惑也。"北大师者，更有明灯、引路、润物、树人之责。是春风，能够化雨；可言传，亦可身教。宫墙重仞，无妨促膝而聆；耳提面命，心铭教诲谆谆。若有北大名师在侧，伴你共读一册好书，将是何种体验……跨过流逝的时间与无垠的空间，仅需手捧书册，便能与无数学术名家切磋思想、无声对话。而书本的意义，不正是汇集人间一流的智识、留住永恒不变的真意，以飨每一个愿读书、好读书、善读书的勤勉之人吗？

北京大学素来有着兼容并包、思想自由的学术氛围，以及文理兼济、通达天下的学术土壤，更是会聚着不同学术领域、各种人生滋味的北大学者。几年间，我们走访了部分老、中、青三代北大学者，书单亦以年龄为序，邀请他们分享影响人生的那些书，畅谈一生的治学感言，以期为读者提供些许人生道路上的指引与参考。

学者知无不言，畅谈一席；编者掇菁撷华，终成一册。在这本合辑中，你将透过北大师者的视野与眼界，体悟"大学为何，大师为何"的真意；聆听北大学者的治学感言，开解"如何学以成人，又如何学以成才"的困惑。

愿你读有所感，感有所学，学有所成。祝阅读愉快！

编者

2021 年 10 月

目 录

唐有祺	002	黎乐民	036
韩济生	004	袁行霈	040
赵柏林	008	顾镇南	044
翟中和	010	张恭庆	048
厉以宁	012	许卓群	050
吴树青	014	董太乾	052
杨芙清	016	徐筱杰	054
张焕乔	018	陈 滨	056
秦国刚	020	濮祖荫	058
谢有畅	022	姜伯驹	060
吴瑾光	024	马季铭	062
童坦君	026	仲跻昆	064
陈佳洱	028	胡家峦	066
王阳元	030	叶文虎	070
谢衷洁	032	晏智杰	072
黄 琳	034	蒋绍愚	074

赵振江	076	王天有	118
史树中	078	彭立中	122
黄宗良	082	丁明孝	124
叶恒强	084	郭之虞	126
涂传诒	086	易杰雄	130
严绍璗	088	张玉安	132
周一星	090	杨冬青	134
王祥云	092	陈占安	136
项海格	094	温儒敏	138
王文融	096	文 兰	140
刘意青	098	顾志福	142
郝守刚	100	戴龙基	144
陈志达	102	陈庆云	146
夏正楷	104	朱凤瀚	150
宁 骚	106	高崇文	152
谢庆奎	108	王缉思	154
周乐柱	112	陈学飞	156
任光宣	116	钱乘旦	158

张祥龙	160	田光善	208
赵敦华	162	陈保亚	212
王思斌	164	郑晓瑛	214
马　戎	166	叶　闯	216
胡　军	168	孙祁祥	220
姜明安	170	韩加明	222
罗志田	174	陈兴良	224
陈平原	176	王子舟	226
尹　田	178	李晓明	228
平新乔	180	周力平	230
潘　懋	184	赵新生	232
阎步克	186	申　丹	234
何怀宏	188	王一川	236
朱苏力	192	杨　震	238
欧阳颀	196	杨荣祥	240
高　毅	198	王忆平	244
叶自成	202	丁　宁	246
李立明	204	许进超	248

杨宝学	256	吴小安	302
王剑波	258	陈　刚	306
马伯强	262	张　兴	308
佘振苏	264	孟　杰	310
朱　彤	266	刘文剑	312
许甫荣	268	李迪华	316
邵元华	270	凌建侯	324
彭练矛	272	何　晋	328
刘忠范	274	刘　俏	330
陈汝东	276	王曙光	338
梅　宏	280	徐晶凝	344
苏晓东	286	张　沛	346
韩世辉	290	汲传波	348
杨德峰	292	向　勇	352
姚　洋	294	魏坤琳	356
刘玉才	298	孟涓涓	360
昌增益	300		

立志宜思真品格，读书须尽苦功夫。

唐有祺

唐有祺，1920年7月生，江苏南汇人（现属上海市）。北京大学化学与分子工程学院教授，中国科学院院士。主要研究领域为晶体化学和结构化学。代表著作有《结晶化学》《统计力学及其在物理化学中的应用》等。

「治学感言」

　　治学就是研究学问。我们都是从小受教育，以积累各种知识，培养各种能力，使系统的知识成为学问。研究学问需要从这样的基础开始，才能提出新问题，并在分析问题和解决问题中创造新的系统知识或知识的新系统，抑或二者兼具。马克思把研究学问比作不避艰险地在崎岖小道上的攀登，能达到顶峰是难能可贵的，而失败的教训经过总结后也可化消极为积极。

　　发展知识的深度和广度总是要从深度入手的，一般是深入一步，才能开拓一片，而且事物深处总是盘根错节的。做学问总是在积累与创新中求发展，而创新在思维上很难离开科学的抽象和科学的假设。

「影响人生的书单」

1. 邓广铭：《岳飞传》
2. 本杰明·P. 托马斯：《林肯传》
3. 拉皮罗夫—斯科勃洛：《爱迪生传》
4. A. A. Noyes and M. S. Sherrill：*A Course of Study in Chemical Principles*
5. W. L. Bragg：*The Crystalline State, Vol. I, A General Survey*
6. Linus Pauling：*The Nature of Chemical Bond and the Structure of Molecules and Crystals*
7. Hermann Weyl：*Symmetry*

韩济生

韩济生，1928年7月生，浙江萧山人。北京大学基础医学院教授，中国科学院院士。主要从事针刺镇痛原理研究。代表性中文论著有《神经科学纲要》《神经科学原理》《神经科学》等。

治学感言

我从事生命科学，特别是神经科学的教学和科研工作。我觉得治学首先要有兴趣。兴趣可以是自发的，也可以是看到了时代的要求，自己深感其重要性，愿意为它的完成奉献终生而产生的。兴趣可以很广泛，但研究领域必须集中。

"兴趣广泛"是指对一切自己感到好奇的事物都想问一个"为什么"。当我清晨沿着跑道走圈时，看到每走一圈头顶的月亮位置已发生偏移，就会有许多遐想……"研究必须集中"表现在对自己工作的初步结果百看不厌、日思夜想，提出各种假说加以分析，想出各种方案加以检验，最后提高到足够的高度加以总结。这既满足了好奇的愿望，也是一些小发现的起始点。

一方面，看书和查阅杂志非常重要，虽然很多疑问前人都已思考过或者已经解决，但仍然留下许多疑问；另一方面，与人深入交流、讨论极为重要，其收获不是个人看书可以代替的。而与人交流的动力和能力要从小鼓励和培养。

讨论时论点必须明确，但自己原始的论点不一定要坚持到底。能承认自己的错误是有勇气的表现，对别人错误的宽容是团结的前提，两者的结合使认识的程度不断加深。

「影响人生的书单」

1. 吴楚材、吴调侯:《古文观止》。了解古人的智慧。
2. 蘅塘退士:《唐诗三百首》。培养艺术的鉴赏力。
3. 冯梦龙:《东周列国志》。对权术谋略的警惕。
4. 毛泽东:《毛泽东选集》。对人生和社会的责任。
5. 《十万个为什么》。对好奇的初步解答。

赵柏林

赵柏林，1929年4月生，辽宁辽中人。北京大学物理学院教授，中国科学院院士。主要从事云降水物理、人工影响天气、微波辐射计及其环境遥感应用等研究。代表著作有《大气探测原理》等。

治学感言

漫漫五十余载，多蒙恩师教诲、同人襄助，使我学业进步、事业有成。多年来，我一直有这样的信条：人生只有一次，要奋斗、要拼搏、要光明磊落，不枉今生。做一件事，自己决不能姑息、纵容，如果随大流，只能成为最末。我深谙"破釜沉舟"和"置之死地而后生"的深层含义，我欣赏这种气概。另外，只有高屋建瓴、博大精深，才能有所发现，有所发明，有所前进。

在幼年读私塾时，由于我的愚昧，遍受手板藤条之苦。正因如此，我熟读诗书，从中吸取精粹，练就一手好字，这使我终身受益。我深谙老师的教诲，深谙"教不严，师之惰""玉不琢，不成器"的含义。事事要严以律己，在困难面前要坚韧不拔。

我九岁丧父，十二岁丧母，不久外祖父又病故，这迫使我必须自力谋生，承担起抚养家人的责任。我靠勤工俭学勉强读完大学，生活使我真正懂得了自力更生、艰苦创业的意义。只有最终取得成功才有出路，这也是我孜孜以求的真谛。

影响人生的书单

1. 司马迁：《史记》
2. 司马光：《资治通鉴》
3. 艾芙·居里：《居里夫人传》
4. 周一良、吴于廑主编：《世界通史》（上古部分）
5. 周一良、吴于廑主编：《世界通史》（中古部分）

翟中和

翟中和，1930年8月生，江苏溧阳人。北京大学生命科学学院教授，中国科学院院士。主要研究领域为细胞生物学。代表著作有《细胞生物学》等。

治学感言

作为一名科技工作者,在治学过程中要始终把"重学问,淡名利"作为自己的座右铭。重学问,就是治学过程中要有实事求是的科学态度、严谨细致的学术作风、积极进取的拼搏精神;要敢于突破前人的研究成果,做到有所发现、有所创新。淡名利,就是在科学研究的过程中,心胸一定要豁达、宽容,不计较小事。在选择研究课题时,首先应把国家利益放在第一位,在考虑国家需求的基础上,再根据自己所处的环境条件,结合国际上研究的热点问题来确定研究方向和研究内容。

影响人生的书单

1. 艾芙·居里:《居里夫人传》
2. 尼·奥斯特洛夫斯基:《钢铁是怎样炼成的》

厉以宁

厉以宁，1930年11月生，江苏仪征人。北京大学光华管理学院教授。主要研究领域为宏观经济政策、经济思想史。代表著作有《非均衡的中国经济》《中国经济改革与股份制》等。

治学感言

我是一名经济学教师和经济学研究者。从 1951 年考入北京大学经济系算起,至今已经七十年了。在学习和工作中,我深深地体会到经济学的创新不是个别人的任务,也不是个别人所能完成的。经济学作为一门紧密联系实际的理论科学和应用科学,是通过一代又一代人的集体智慧累积而发展起来的。后一代在前一代已有研究成果的基础上,加以改进、发展,推陈出新。后一代不超过前一代,经济学就会停滞不前,经济学的生命也就完结了。

北京大学一直以"兼容并包"作为办学的特色。北京大学深厚的人文底蕴和宽容的精神,为经济学的创新提供了最好的环境。今天在北京大学学习的年轻人,要珍惜北大的环境,继承北大的传统,为经济学的不断前进贡献自己的力量。

影响人生的书单

1. 熊彼特:《经济分析史》
2. 马克斯·韦伯:《新教伦理和资本主义精神》
3. 钱穆:《国史大纲》
4. 赵崇祚:《花间集》
5. 房龙:《宽容》

吴树青

吴树青（1932.1—2020.1），江苏江阴人。北京大学经济学院教授，北京大学原校长。主要研究领域为经济学。代表著作有《政治经济学》《邓小平理论概论》《中国社会主义建设》等。

【治学感言】

　　分清现象和本质是从事科学研究必须学会的基本功。理论联系实际不是把理论等同于实际。一切科学的任务都在于透过现象去发现它的本质,揭示它的运动规律。一种理论是否具有科学性,有多少科学成分,决定于它能否透过现象达到对事物本质的认识,在多大程度上能够深入事物内部的本质。分不清事物的现象和本质,只是在事物的外部现象和表面联系上兜圈子,对那些最粗浅的现象做出似是而非的解释,从表面上看似乎更加符合实际,但它们毕竟不是科学的观点。因为这种"理论"仅仅抓住了事物的现象,并且把它当作最终的结论。若依据这种"理论",则既不能把握现象的本质,而且连现象本身也不能真正得到科学的说明,更谈不上发挥对改造世界的指导作用了。

【影响人生的书单】

1. 马克思、恩格斯:《共产党宣言》
2. 《孟子》
3. 艾思奇:《大众哲学》
4. 胡绳:《帝国主义与中国政治》
5. 卢森贝:《〈资本论〉注释》

杨芙清

杨芙清，1932年11月生，江苏无锡人。北京大学信息科学技术学院教授，中国科学院院士。主要研究领域是系统软件、软件工程。代表著作有《程序设计》《管理程序》《操作系统结构分析》等。

「治学感言」

科学与工程是寻找问题空间，发现解空间，探索问题空间到解空间的规律，解决从问题空间到解空间的方法。问题从探索客观世界规律而来，因此，任何问题均不是单一的、线性的，而是一个复杂体，必然是系统化的，具有结构化特性。

科学上的重大突破、新的生长点，常常在不同学科彼此交叉和相互渗透的过程中形成。因而，要始终坚持面向国家需求，瞄准科技前沿，自主创新，自立自强，做有用的基础理论与技术研究，做好前瞻性布局和顶层设计，不断探索和实践适应我国科技创新体制与产业发展的产学研用协同创新模式。

工程科技创新需要营造民主的学术团队氛围，充分调动成员的能动性，努力发挥团队中每个成员的创新力，博采众长，群策群力，服务我国未来产业发展。

「影响人生的书单」

1. 尼·奥斯特洛夫斯基：《钢铁是怎样炼成的》
2. 柳·科斯莫杰米扬斯卡娅：《卓娅和舒拉的故事》
3. P. Brinch. Hansen：*The Architecture of Concurrent Programs*

张焕乔

张焕乔,1933 年 12 月生,重庆人。北京大学物理学院教授,中国科学院院士。主要从事中子物理、裂变物理和重离子反应实验研究。代表著作有《经典电动力学》《原子核结构》等。

「治学感言」

从事科学研究的工作者,应该以极大的好奇心去探索自然界的未知现象,揭示和解释自然界的客观规律。在探索过程中,往往会经受失败和挫折,研究工作者要以百折不挠的精神,勇往直前,在失败中总结教训,寻求成功之路。

从事科学研究的工作者,应该没有私利,他们研究的成果供全人类共享,直接为人民服务,改善人民的生活福利,推进人类社会文明。这些是科学研究的宗旨,科学工作者必须牢记和遵循。

从事科学研究的工作者,应该热爱祖国,有强烈的事业心,深爱自己的工作,刻苦钻研,精益求精,严谨踏实,做老实人。

「影响人生的书单」

1. 阿尔伯特·爱因斯坦、利·英费尔德:《物理学的进化》
2. 艾萨克·牛顿:《自然哲学的数学原理》
3. 伽莫夫、斯坦纳德:《物理世界奇遇记》
4. 尼·奥斯特洛夫斯基:《钢铁是怎样炼成的》
5. 艾捷尔·丽莲·伏尼契:《牛虻》

秦国刚

秦国刚，1934 年 3 月生，江苏昆山人。北京大学物理学院教授，中国科学院院士。主要研究方向为半导体材料、原型器件和物理。代表论文有 Photoluminescence Mechanism Model for Oxidized Porous Si and Nanoscale-Si-Particle-Embedded Silicon Oxide 等。

【治学感言】

实事求是,贵在创新。

【影响人生的书单】

1. 阿尔伯特·爱因斯坦、利·英费尔德:《物理学的进化》
2. 黄昆:《固体物理学》

谢有畅

谢有畅，1934 年 4 月生，广西合浦人。北京大学化学与分子工程学院教授。主要研究领域是物理化学、结构化学、表面化学。代表著作有《结构化学》等。

【治学感言】

　　理论必须联系实际才能在科研中做出对社会有意义的贡献。我们在基础研究中发现了自发单层分散原理，将它用于研制一氧化碳吸附剂分离回收一氧化碳，即将氯化亚铜单层分散在分子筛上制得一氧化碳高效吸附剂，这项研究已在工业中得到应用，获得较大的经济价值。我们还利用串级离子交换技术将锂离子交换到分子筛上制得空气分离制氧高效吸附剂，它用于空气分离制氧很成功，也获得较大的经济效益。教学、科研和工业应用三者非但不矛盾，反而是相辅相成、相得益彰的。

【影响人生的书单】

1. 罗贯中：《三国演义》

2.《论语》

吴瑾光

吴瑾光,1934 年 7 月生,安徽歙县人。北京大学化学与分子工程学院教授。长期从事配位化学与分子光谱学研究,工作涉及萃取机理及溶液结构、稀土络合物和新材料、生物无机与生物谱学等。代表著作有《近代傅里叶变换红外光谱及应用》等。

「治学感言」

北京大学有宽松、自由的学术环境，浓厚的学术风气，促使科学研究发展。例如，早在20世纪70年代末，我在无机化学实验室，却能够利用部分工作和业余时间，应北医三院的要求进行棕色色素型结石的组成、结构和生成机理的研究。在学术思想活跃的环境里，我会更自觉地在不影响本职科研任务的情况下，让结石研究课题取得好的成果，宽松的气氛推动了潜能的发挥。

我们组在20世纪80年代即开始与国内外医学家开展学科交叉研究。二十多年来，为了共同的科研项目，如肿瘤检测的红外光谱新方法研究，互相学习，取长补短，共同语言增多了，双方在专业知识方面都有提高，并在学科交叉新领域中取得成果。

科研小组是由多位老师和研究生组成的，充满了活跃的学术气氛，倡导团结、互助精神，尊重师长，爱护年轻人。学术平等、教学相长，这样才能培养学生全面的优秀素质。

「影响人生的书单」

1. 徐光宪：《物质结构》

2. 徐光宪：《稀土》

童坦君

童坦君，1934年8月生，浙江宁波人。北京大学基础医学院教授，中国科学院院士。主要研究领域为老年医学基础。代表著作有《医学老年学》《生物化学》等。

治学感言

高楼人人都能看见,但是谁能看见它的地基在哪儿?基础科学这个行当,就是替临床医学、工程等应用科学打地基。因而它的重要性是不言而喻的,打好更牢固的地基,是盖起巍巍大楼的先决条件。基础研究人员是为科学金字塔默默垫土的一群人,也是推动科学事业发展不可或缺的一群人。我国在科学上要自立于世界民族之林,从追随到引领,任重道远。"行百里者半九十",希望同学们以我校邓稼先、王选、屠呦呦等前辈学长为榜样,既有冲劲,又有百折不挠的韧劲,为人类做出我们中华民族应有的贡献。

影响人生的书单

1. 鲁迅:《阿Q正传》
2. 毛泽东:《矛盾论》
3. 司马迁:《史记》
4. 杰克·伦敦:《野性的呼唤》

陈佳洱

陈佳洱,1934年10月生,上海人。北京大学物理学院教授,北京大学原校长,中国科学院院士。长期致力于低能粒子加速器及其应用的教学与科研工作。代表著作有《加速器物理基础》等。

「治学感言」

治学并无捷径。要学会做学问,首先要学会做人。只有树立科学的世界观和人生观,才能有正确的治学目标和方向。事实上,居里夫人之所以能在崎岖不平的科学道路上克服常人难以想象的困难,做出重大的贡献,就是因为她有一颗热爱祖国、奉献科学、服务人民的圣洁的心。

学海无涯,要做好学问,很不容易。关键是要勤学善问、实事求是。我自问天赋不高,所以经常以"笨鸟先飞"勉励自己。别人一蹴而就的事,我常常花好几倍的工夫来做。我觉得现代科技的发展太快了,只有加倍勤奋才赶得上国际科技发展的脚步。一个人的能力很有限,所从事的学习和研究也只能与自己的能力相匹配,应当选择有限的目标进行,否则将一事无成。为了使研究取得进展,重要的是善于发现和提出问题,虚心向别人请教,得到同事们的帮助和支持。只有这样,才能有效地将研究深入下去。科学来不得半点虚假,因此最重要的还是扎扎实实、实事求是、坚持不懈地进行探索和研究,通过一辈子的韧性拼搏,才能有所成就。

「影响人生的书单」

1. 陈伯吹:《华家的儿子》
2. 艾芙·居里:《居里夫人传》
3. 伏契克:《绞索套在脖子上的报告》
4. 史包尔斯基:《原子物理学》
5. M. S. Livingston: *Particle Accelerators*

王阳元

王阳元,1935年1月生,浙江宁波人。北京大学信息科学技术学院教授,中国科学院院士。主要研究领域为微电子新工艺、新技术和新结构器件、微机电系统等。代表著作有《集成电路工艺基础》《多晶硅薄膜及其在集成电路中的应用》等。

治学感言

从事科学研究,贵在执着,重在分析。只有在系统的科学研究中才能有所发现、有所发明。首先要学会提出问题、分析问题,对前人的工作既要尊重、认真学习,又不迷信盲从。要分析其得出结论的客观历史条件,然后从科学发展趋势和当前以及长远的实际需求出发提出问题,并加以分析,合理组织科学实验,总结成功经验和失败教训,修正自己的研究思路,不断发现、不断探索。要锲而不舍地坚持下去,"胜利往往产生于再坚持一下的努力之中"。教书育人就是要启发、引导学生学好扎实的基础理论,然后能运用这些理论去分析问题、解决问题。把这些心得传授给他们,使他们成长为超过我们的新一代学术带头人。

影响人生的书单

1. 温格罗夫、爱弗罗斯:《钢铁是这样炼成的:奥斯特洛夫斯基的一生》
2. 艾芙·居里:《居里夫人传》
3. 黄昆:《大学物理讲义》
4. 毛泽东:《毛泽东诗词》

谢衷洁

谢衷洁，1935 年 10 月生，印尼归侨。北京大学数学科学学院教授。主要研究领域为时间序列分析和应用概率论。代表著作有《时间序列分析》《时间序列分析实例研究》等。

治学感言

对于学数学的人,永远要记住的是:勤奋、严谨、求实、创新。不要以为学数学的都是天才、奇才,或是头脑非凡的一群人。学数学需要有聪明的头脑,但这不仅是指先天的,而是如华罗庚先生所说,"聪明出于勤奋"。学数学需要非常勤奋,而不是仅靠灵感。严谨是数学科学的命根子,数学证明了的定理,是不会随人文社会的变迁而改变的。求实——要踏踏实实一步一个脚印地努力探索。创新——不要停留在推广前人的工作上,而是要在前人已有的基础上,另辟蹊径开辟新天地!

影响人生的书单

1. 那汤松:《实变函数论》
2. 江泽培:《平稳随机过程讲义》
3. D. R. Brillinger: *Time Series: Data Analysis and Theory*. Holden-day
4. M. B. Priestly: *Spectral Analysis and Time Series*
5. 蘅塘退士:《唐诗三百首》

黄琳

黄琳,1935 年 11 月生,江苏扬州人。北京大学工学院教授,中国科学院院士。长期从事系统与控制科学方面的研究工作。代表著作有《系统与控制中的线性代数》《稳定性理论》《稳定性与鲁棒性的理论基础》等。

「治学感言」

控制科学是一门要用到很多数学和实际知识的技术科学。要学好它,无论是一种理论还是解决一个问题,首先应弄懂其背景,然后要做到两点:从总体上弄清其原发性思想与核心内容,并用简明的语言加以概括;再搞清楚方法技巧上的关键之处,最后将总体与关键连成一幅图,悟其真谛。这样大体上可以做到不是"死读书"。在研究上,对已有的成果要想一想:(1)究竟做到了什么?(2)还应该做什么?在选题上应从科技发展的态势中凝练问题,而不能只在别人走过的路上学步。研究问题应以极大的兴趣、不计得失地去追求,取得成果后切勿沾沾自喜,而是放下一段时间,再用批评者的角度去看,这样当受益匪浅。

「影响人生的书单」

1. 艾捷尔·丽莲·伏尼契:《牛虻》

2. 冯·卡门、李·爱特生:《冯·卡门传》

3. 罗曼·罗兰:《约翰·克利斯朵夫》

4. 钱学森:《工程控制论》

黎乐民

黎乐民，1935 年 12 月生，广东电白人。北京大学化学与分子工程学院教授，中国科学院院士。主要研究领域是物理无机化学（配位化学、量子化学）。代表著作有《量子化学——基本原理和从头计算法》等。

治学感言

大学时代学好基础课，掌握扎实的基础知识，学习前人在研究和解决科学问题时的思想方法，非常重要。

学习内容要少而精，贵在能灵活应用。在科研工作中遇到问题时，能否灵活运用所掌握的基础知识是对实际工作能力的考验。

要处理好继承与发展、学习与创新的辩证关系。"学而不思则罔，思而不学则殆。"人类认识自然的过程是一条历史的长河。如果只知道学习前人，盲目接受已有结论，则不但没有创新，对认识世界没有丝毫贡献，而且可能得出错误的结论。因为前人受当时客观条件限制或者主观判断错误，得出的结论可能不正确或者不全面。另一方面，不学习已有知识，想单凭一个人的能力得到完全超越前人的创新结果，虽非不可能，但成功的概率很小。

影响人生的书单

1. 法布尔：《化学奇谈》。初中阶段我读过这本书，引起我对化学问题的强烈兴趣，后来考大学时就选择了化学专业。
2. 波列伏依：《无脚飞将军》。高中阶段我读了这本书。该书讲述了第二次世界大战时一位苏联飞行员的故事：他在作战中负伤，失去双脚，但他决心继续参加打击德国法西斯的战斗；经过不懈努力，他奇迹般地重上蓝天,并且多次击落敌人的飞机。这个故事曾在我遇到困难时激发我坚持前进的决心。

3. 毛泽东:《实践论》《矛盾论》。大学阶段我比较仔细地学习过这两本书,对我在后来的生活和工作中观察世界和思考问题有很大帮助。

4. 狄拉克:《量子力学原理》。这是对我学习和理解量子力学原理最有帮助的一本书,因为在该书中作者不但准确而清楚地叙述了量子力学原理和处理问题的方法,而且生动地讲述了如何根据实验事实建立这一重大物理理论的思维过程。这是我在同类书中没有见到过的。

袁行霈

袁行霈,1936年4月生,江苏武进人。北京大学中国语言文学系教授,中央文史研究馆馆长。主要研究领域为中国古代文学。主要著作有《中国诗歌艺术研究》《中国文学概论》《陶渊明研究》等。

治学感言

治学要有基点、有旁涉。基点务求精深，旁涉务求宽广。专攻一点，或恐拘于一隅，视野狭隘；广泛涉猎，切忌浮光掠影，一无所长。我曾把自己关于诗歌艺术的研究，归纳为八个字：博采、精鉴、深味、妙悟。我还曾提出撰写文学史的三条原则：文学本位、史学思维、文化学视角。意思都在强调会通化成。司马迁曰："究天人之际，通古今之变，成一家之言。"虽不能至，心向往之。

学问要有气象。我说过："作诗讲究气象，诗之气象如山峦之有云烟，江海之有波涛，夺魂摄魄每在于此。做学问也要讲究气象，学问的气象如释迦之说法，霁月之在天，庄严恢宏，清远雅正，不强服人而人自服，无庸标榜而下自成蹊。"形成这种气象至少有三个条件：一是敬业的态度，对学问十分虔诚，一丝不苟；二是博大的胸襟，不矜己长，不攻人短，不存门户之见；三是清高的品德，潜心学问，坚持真理，堂堂正正。

做学问和做人要统一起来。随着学问的增进，人格应该不断提升。但是，学问和道德也会有分离的情况，那是不好的。古人常常将两者连在一起，称赞某人道德学问如何如何，表现了对一种理想境地的向往。道德和学问的统一，应当成为学者自觉的追求。

「影响人生的书单」

1. 陶渊明：《陶渊明集》。陶渊明不仅是诗人，也是哲人。他思考的都是关乎宇宙、历史、人生的大问题。在晋宋之际黑暗的社会里，他不为五斗米折腰，辞官归隐，躬耕田园，是一位气节高尚的人。他为人自然，诗也自然，这是很高的境界。当夜深人静之际，捧陶集吟咏于孤灯之下，则矜平躁释，与天地臻于和谐。

2. 《老子》。我是把它当作一部格言集来读的。每置之枕边，睡前三五分钟读一则两则，悠然会心，以清吾梦。兹就记忆所及录数则如下："上善若水，水善利万物而不争。""生而不有，为而不恃，功成而弗居。""不自是，故彰。""故物或损之而益，或益之而损。""知足不辱，知止不殆。""大巧若拙。""天下难事，必作于易；天下大事，必作于细。"老子是个聪明绝顶之人，他的话给我以智慧。

3. 《论语》。因为我是教师，所以读《论语》时常常注意孔子作为教育家的那一面。孔子很注意启发学生自己思考问题，"子曰：'不愤不启，不悱不发。举一隅不以三隅反，则不复也。'"意谓：不到学生心求通而未通时，不去开导他；不到学生口欲言而未能言时，不去启发他。如果他不能举一反三，便不必教他了。他教导学生对学问的态度一定要老实："知之为知之，不知为不知，是知也。"不要耻于向比自己地位低的人请教："不耻下问。"他强调要处理好"学"和"思"的关系："学而不思则罔，思而不学则殆。"这些都是我很感兴趣的，也是我试着贯穿于自己的教学中的。

4. 苏轼:《东坡乐府》。此书名曰"乐府",其实就是"词"。苏轼以诗为词,取词的躯壳而赋以诗的神气,从而为词开拓了新的天地,也确立了他在词史上崇高的地位。如果从一般读者的角度来看,我主要是欣赏苏词里那种以达观为基础的潇洒。"莫听穿林打叶声,何妨吟啸且徐行。"(《定风波》)"小舟从此逝,江海寄余生。"(《临江仙》)"人有悲欢离合,月有阴晴圆缺,此事古难全。但愿人长久,千里共婵娟。"(《水调歌头》)这些名句都表现了他的洞见,耐人寻味。苏轼才高而命蹇,如果没有这点潇洒真不知如何活得下去。

5. 狄德罗:《狄德罗哲学选集》。我喜欢跟聪明人谈话,狄德罗是18世纪法国的大哲学家,百科全书派的主要代表,当然聪明过人。而这本书里所选的好几篇文章如《达朗贝和狄德罗的谈话》《达朗贝的梦》《谈话的继续》《拉摩的侄儿》又是用对话体写的,读来如同直接面对一位聪明人。他的《哲学思想录》和《思想录增补》是一条条短小的笔记,最短的只有一句话,但很发人深省。狄德罗认为人类的全部知识是有结构的,各个学科互相联系,构成整体。由此我想到,在学科分类越来越细的今天,适当注意知识的整体性,在相近学科的交叉点上做一些综合的研究,肯定会开拓出新的学术领域,并推动学术的发展。

顾镇南

顾镇南，1936年5月生，上海人。北京大学化学与分子工程学院教授。早期从事稳定同位化学研究，后从事富勒烯及碳纳米管研究。代表论文有 Coalescence of C-60 Molecules Assisted by Doped Iodine Inside Carbon Nanotubes 等。

治学感言

科学研究贵在创新、严谨和锲而不舍的精神。科研集体要有活跃的学术风气，好的科学作风和勇于克服困难、持之以恒的精神，才可能取得高水平的研究结果。现代科学研究特别是实验理论性强的成果，往往是集体努力的结果。因此科研集体很重要，合作很重要，在集体中要互相尊重，互相支持，要重视合作共事中的道德修养。研究生教育的核心是创新精神的培养，方法是启发式教育，要逐步使研究生成为自己研究课题的主人，鼓励他们提出新思想和设计方案，导师主要是把关，为他们创造条件。

影响人生的书单

1. H. Remy：*Treatise on Inorganic Chemistry*
2. "哲人石丛书"。这是上海科技教育出版社出版的当代科普名著系列丛书，这套科普丛书把当代的主要科学问题深入浅出地表达出来，其中包含着深刻的哲理和深刻的思想内容，从事不同领域的科学工作者都可从中得到很好的教诲。其中有几本我尤为推荐：

（1）伊利亚·普利高津:《确定性的终结：时间、混沌与新自然法则》
（2）拉比诺:《PCR 传奇：一个生物技术的故事》
（3）约翰·L. 卡斯蒂:《虚实世界：计算机仿真如何改变科学的疆域》
（4）巴戈特:《完美的对称：富勒烯的意外发现》
（5）加来道雄:《超越时空：通过平行宇宙、时间卷曲和第十维度的科学之旅》

张恭庆

张恭庆，1936年5月生，上海人。北京大学数学科学学院教授，中国科学院院士，发展中国家科学院院士。主要研究非线性分析。代表著作有 Infinite Dimensional Morse Theory and Multiple Solution Problems、Methods in Nonlinear Analysis 等。

治学感言

我喜爱数学。高度的抽象性和严密的逻辑性使数学成为众多学科的基础；应用的广泛性和描述的精确性又使它成为各门科学和技术的语言和工具；庞大系统内部的统一与和谐更使它成为人类文化宝库中一件精美宏伟的创造物。

我也喜欢讲授数学。无论是书本上的、文献中的，还是自己的心得，只要是好的数学工作一定是美的。讲解这些成果犹如鉴赏艺术品，与大家共享其美。讲解中如能得到共鸣，我会激动不已。

我最欣赏的是那些能从一大堆杂乱无章的表面现象中洞察其本质的工作，是那些能从彼此似乎没有任何联系的事物之间洞察其内在关联的工作，它们使我兴奋无比。深邃的洞察是在观察与思索反复多次之后的感悟，是建立在分析与综合基础之上的超越。

影响人生的书单

1. 文天祥：《正气歌》
2. 《中国近代史》（可以是不同的版本）
3. 狄更斯：《双城记》
4. 理查德·贝奇：《海鸥乔纳森·利文斯顿》
5. A. D. 亚历山大洛夫、A. N. 阔尔莫果洛夫、M. A. 拉夫伦捷夫等：《数学——它的内容，方法和意义》

许卓群

许卓群，1936年7月生，河南鲁山人。北京大学信息技术科学学院教授。主要研究领域是人工智能、地理信息系统。代表著作有《数据结构》《计算概论（第2版）》等。

［治学感言］

做学问是对事物的好奇和坚持不懈的探索。

回顾北大校园的学习环境及文化氛围，它对我一生的影响是巨大的，虽然很多方面是无形的。

老师和同学们的做人品德和治学风格无声地影响着我，并让我终身受益。

［影响人生的书单］

1. 巴金的《家》、茅盾的《子夜》和鲁迅的《药》等进步文艺作品，让我初步了解到旧中国、旧秩序的"吃人"，以及平常人对它的无奈。
2. 俄国十月革命前后的读物让我了解到知识分子阶层在社会大变革时期所扮演的形形色色的角色，以及他（她）们的可怜形象。
3. 菲赫金哥尔茨所著的几本基础数学教程，为我揭示了人类严格的数学思维所可能具有的透彻性，但我不喜欢抽象数学最终走向哲学思辨的那种结局。
4. 维纳的《控制论》是计算机发展初期对计算机能力的理论探索著作之一，这些著作为我们描绘了把数学应用到新技术领域的思辨样例。
5. *ACM Turing Award Lectures*（图灵奖获得者的获奖演讲系列），这些演讲报告总是给我一种理论思维的激励。

董太乾

董太乾，1936年8月生，江苏昆山人。北京大学信息科学技术学院教授。主要研究领域为量子电子学。代表著作有《量子频标原理》等。

「治学感言」

教会学生三基（基本知识、基本理论、基本实验技能）和启发学生对科学的兴趣都是教师应尽的义务，从一定意义上说，后者比前者更重要。

对于一个受过高等教育的人来说，最适合于你工作的领域是：国家急需的又是你感兴趣的领域。

「影响人生的书单」

1. 狄拉克：《量子力学原理》，1966 年
2. Cohen-Tannoudji, C.：*Quantum Mechanics*, Vol. one, 1977
3. Cohen-Tannoudji, C.：*Quantum Mechanics*, Vol. two, 1977
4. Alan Corney：*Atomic and Laser Spectroscopy*, 1977
5. James D. Macomber：*The Dynamics of Spectroscopic Transitions*, 1976

徐筱杰

徐筱杰,1937 年 1 月生,浙江温州人。北京大学化学与分子工程学院教授。主要研究领域为计算化学、药物分子设计及中药现代研究。代表著作有《计算机辅助药物分子设计》《超分子建筑——从分子到材料》《药用天然产物》等。

「治学感言」

我在北京大学从事教学科研六十余年,一直把勤奋、严谨、务实及创新作为座右铭。科研需要积累、追踪文献,掌握最新动向;也需要敏锐观察,发现问题,敢于创新并坚持不懈地扎实工作。要有高起点、高目标及高标准,只有这样才会取得有价值的成果。

「影响人生的书单」

1. 尼·奥斯特洛夫斯基:《钢铁是怎样炼成的》
2. 艾捷尔·丽莲·伏尼契:《牛虻》
3. 恩格斯:《自然辩证法》
4. 莱纳斯·鲍林:《化学键的本质》
5. J. M. 莱恩:《超分子化学》

陈滨

陈滨，1937年2月生，安徽六安人。北京大学工学院教授。主要研究领域为一般力学（动力学、振动与控制）基础理论及其在航天科技中的应用。代表著作有《分析动力学》《一般力学（动力学、振动与控制）最新进展》等。

治学感言

学术研究对我来说,既是一件需要非常认真严谨对待的事,也是一件很有乐趣的事。在我看来,对于一个研究者而言,学术研究是一项很有乐趣的追求,追求理性的完美与和谐、追求真善美、追求理性的创造力。学术研究是努力开拓和揭示未知的理论和方法,希望能以此丰富人类的知识宝库,因此研究成果必须能经受时间的考验。另一方面,我也希望我的学术研究能够解决实际当中的问题,希望研究成果能对解决工程和国防中遇到的难题提供帮助,因此研究成果也应该接受实际应用的考验。能够取得这样的成果是研究者最大的乐趣。

影响人生的书单

1. 尼·奥斯特洛夫斯基:《钢铁是怎样炼成的》
2. 菲赫金哥尔茨:《微积分学教程》
3. 艾萨克·牛顿:《自然哲学的数学原理》
4. L. D. 朗道:《朗道理论物理学教程》
5. L. A. Pars:*A Treatise on Analytical Dynamics*

濮祖荫

濮祖荫，1937年4月生，江苏南京人。北京大学地球与空间科学学院教授。长期从事磁层物理研究。代表论文有 Kelvin-Helmholtz Instability at the Magnetopause，Global View of Dayside Magnetic Reconnection：a Statistical Study for Double Star and Cluster Data，THEMIS Observations of Magnetotail Reconnection Initiated Substorms 等。

[治学感言]

　　我在北大学习、工作和生活了六十多年，曾有幸聆听一些前辈学术大师讲授的课程，其情其景至今依然记忆犹新。许多深奥的理论在他们透彻的剖析和严密的逻辑面前变得清晰而自然。听他们讲课，层层深入，旁征博引，既学到了知识，更是一种享受。后来我才知道，他们不仅学识渊博，而且精心准备每一堂课。由此我领悟到，要当好北大的老师，就要孜孜不倦，扎扎实实，精益求精。我参加过无数次学术活动和讨论会。无论长幼，不分师生，激动的发言、长久的争论，新思想在辩论中锤炼和成熟。北大学子对创见的敏感和热忱令人难以忘怀。民主、科学、求实、创新，愿北大的好学风代代相传，开花结果，不断为建设世界科技强国和繁荣学术文化做出新的贡献。

[影响人生的书单]

1. 尼·奥斯特洛夫斯基：《钢铁是怎样炼成的》
2. 路遥：《平凡的世界》
3. 彼得·柯文尼、罗杰·海菲尔德：《时间之箭》
4. 赫尔曼·哈肯：《协同学：大自然构成的奥秘》
5. 王蒙：《老子的帮助》

姜伯驹

姜伯驹，1937年9月，浙江温州人。北京大学数学科学学院教授，中国科学院院士。主要研究领域是拓扑学。代表著作有《一笔画和邮递路线问题》《绳圈的数学》等。

治学感言

我一向关心数学教育的改革，认为这是数学家的天职，关系到我国下一代人才的素质。我认为在保证基本训练的前提下，课程可以不拘一格，逐渐更新，注意吸取国外的新鲜经验。每门课程要把握数学思想，不要过分注重形式；要把握重点，贪多求全只会扼杀学生的兴趣。教师是榜样，教得有自己的特色，不照本宣科，学生才会善于学习，善于读书。

数学是讲道理的学科，思辨性强，教学中固然要传授知识，更看重开动脑筋。思考始于问题，教师、作者要善于提问，学生、读者也要勇于发问，在讨论与思考中进步。不满足于"知道"的获得感，还要追求"领悟"的成就感，就会产生兴趣，增添自信，还能灵活运用。终身学习的能力和习惯就是这样养成的。

影响人生的书单

1. 胡·施坦豪斯：《数学万花镜》

2. D. 希尔伯特、S. 康福森：《直观几何》

3. R. 柯朗、H. 罗宾：《数学是什么》

4. G. 波利亚：《怎样解题》

马季铭

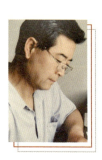

马季铭，1938年1月生，河北昌黎人。北京大学化学与分子工程学院教授。长期从事胶体化学的教学和科研工作，主要研究领域是纳米材料的制备与性能研究。代表译著有《胶体与表面化学原理》。

「治学感言」

　　严谨、务实和创新是我治学的座右铭。成功来自勤奋，要将大胆创新的思想和锲而不舍的精神结合起来，才有可能获得高水平的研究成果。

「影响人生的书单」

1. 儒勒·凡尔纳的科幻小说。中学时几乎读遍了这位法国作家的著作，由此激发了对探索科学奥秘的兴趣。

2. 傅鹰：《大学普通化学》。生动的语言和丰富的内容激发了我对化学的热爱，对科学理论的评述和对新发现的介绍体现了一名真正的科学家追求真理和实事求是的精神。它不仅传授知识，还播种了科学的观点和思维。

仲跻昆

仲跻昆(1938.2—2020.4),辽宁大连人。北京大学外国语学院教授。毕生投身于阿拉伯语教学与科研以及中阿文化交流事业。代表著作有《阿拉伯文学史》四卷本,以及《阿拉伯现代文学史》《阿拉伯文学通史》等,代表译作有《阿拉伯古代诗选》《一千零一夜》等。

「治学感言」

治学最重要的是要厚积薄发,切忌急功近利。"厚积"就是要多读书:肚子里有"水",有人可能"倒"得好一些,有人可能"倒"得差一些;但肚子里没有水,则怎么"倒"都不会"倒"出来。

读书既要"苦读",也要"乐读":读自己喜欢读的书,做自己喜欢做的事,研究自己感兴趣的课题,让生活丰富多彩一些,快乐一些,不必太单调,不一定要做苦行僧。

"好读书,不求甚解"与"好读书,求甚解"并行不悖。前者让人读得广、博,后者让人读得精、深。

"教学相长"很有道理:"学,然后知不足;教,然后知困。知不足,然后能自反也;知困,然后能自强也。"我深感自己的不足,因此,一直是边教边学,边学边教,深恐误人子弟。

「影响人生的书单」

1. 尼·奥斯特洛夫斯基:《钢铁是怎样炼成的》
2. 曹雪芹:《红楼梦》
3. 《一千零一夜》
4. 菲利浦·希提:《阿拉伯通史》
5. 绍基·戴伊夫:《阿拉伯文学史》

胡家峦

胡家峦（1938.4—2019.5），安徽合肥人。北京大学外国语学院教授。主要研究领域为文艺复兴时期英国文学，侧重斯宾塞、弥尔顿研究。代表著作有《历史的星空：英国文艺复兴时期诗歌与西方传统宇宙论》《英语诗歌精品》《英国名诗详注》等。

「治学感言」

在继承北京大学外国作家与作品研究的传统优势的同时，不断开拓新的领域，尤其是交叉学科的研究。例如，从西方传统宇宙论的哲学角度系统研究文艺复兴时期英国诗歌中常见的存在之链、宇宙之舞和天人对应等各种现象，或从西方园林传统的角度深入探讨英国文学中以黄金时代、伊甸园等文学传统和现实园林传统为基础得到充分发展的园林诗歌。

坚持严谨治学的态度，注意微观与宏观研究的结合。既重视文本的细读，打好深厚扎实的功底，也强调对当时社会政治、宗教、哲学、伦理、文化艺术和文学潮流等有关知识的掌握。关注国际前沿课题，追踪国内外相关领域的最新研究成果，尽量掌握第一手资料，不断从新的视角提出独立见解，以期推陈出新，做出自己的贡献。

「影响人生的书单」

1. 杨周翰：《十七世纪英国文学》，北京大学出版社，1985年。该书属于断代史研究，以一个世纪的英国作家与作品研究为主，但纵横交错，古今结合，中西贯通，既有深度又有广度，充分体现了宏观与微观研究的结合。

2. S. K. 小赫宁格（S. K. Heninger, Jr.）：《美妙的和谐：毕达哥拉斯宇宙论与文艺复兴时期诗学》（*Touches of Sweet Harmony: Pythagorean Cosmology and Renaissance Poetics*），圣马力诺：金斯波特出版社，

1974 年。该书以中世纪"七艺"中的"后四科"(算术、几何、天文、音乐)为基础,全面系统地重现了西方宇宙论的古老图景。资料翔实,图文并茂,可以视为跨学科研究的范例。

3. 帕诺夫斯基(Erwin Panofsky):《图像研究:文艺复兴艺术中的人文主题》(*Studies in Iconography: Humanistic Themes in the Art of Renaissance*),纽约:哈珀—罗出版社,1962 年。该书从绘画与雕塑艺术角度研究了人类早期历史、小爱神形象和拟人化时间的来龙去脉,以及佛罗伦萨的新柏拉图主义运动等。书中包含大量绘画和图解。

4. 诺伯格—舒尔茨(Christian Norberg-Schulz):《西方建筑中的意义》(*Meaning in Western Architecture*),纽约:普雷格出版社,1975 年。该书涵盖了从古埃及、古希腊罗马时代直到近现代的历代建筑,系统地阐述了建筑发展史、各种建筑风格特点及其在宗教、文学和文化方面的意义。附有大量照片和插图。

5. 弥尔顿(John Milton):《失乐园》(*Paradise Lost*),英国文学中的伟大史诗,结合了西方古典和基督教两大文化传统。诗人博大精深,阅读他的这部史诗必将有助于深入了解西方古典文化的两大源头。现有两三种中文译本,可以参考其中朱维之译《失乐园》,上海译文出版社,1986 年。

叶文虎

叶文虎,1939年2月生,江苏淮阴人。北京大学环境科学与工程学院教授。主要研究领域为湍流理论与实验、环境空气动力学及环境风洞实验、环境科学与可持续发展学、环境与生态文明理论与实践等。代表著作有《环境管理学》《可持续发展引论》《文明的演化》。

「治学感言」

　　我于 1956 年考入北大数学力学系学习，迄今已在北大学习、生活、工作快七十年了。感受应该是不少的，但要用一段话来表达，又觉得无从下笔。我想，在中国，在全世界，"北京大学"这四个字早已不仅是校名了，它的内涵应该有人去研究，从历史的角度、从社会发展和进步的角度、从文化的角度……

　　我以为，北大之所以称为北大，是因为它的"情"，对他人的情、对社会的情、对人类的情和对大自然的情；同时也因为它的"感"，对国家、民族、社会以至于人类进步的责任感和历史使命感。我还以为，北大之所以称为北大，是因为北大的先辈们对上述这种"情"和"感"的执着和付出。我作为北大人，对此感到光荣和骄傲，也以此作为鞭策，争取能够做到上不愧对前辈北大人，下不愧对后代北大人。

「影响人生的书单」

1. 马克思：《资本论》
2. 毛泽东：《毛泽东选集》
3. 老子：《道德经》
4. 吴楚材：《古文观止》
5. 蘅塘退士：《唐诗三百首》

晏智杰

晏智杰，1939年12月生，江苏仪征人。北京大学经济学院教授。主要研究方向为马克思主义政治经济学、西方经济学、经济学说史。代表著作有《劳动价值学说新探》《经济学中的边际主义》等。

治学感言

没有什么能比王国维先生的治学三境界说得更为适切的了：昨夜西风凋碧树，独上高楼，望尽天涯路；衣带渐宽终不悔，为伊消得人憔悴；众里寻他千百度，蓦然回首，那人却在，灯火阑珊处。信奉蔡元培倡导之"兼容并包，思想自由"，发扬北大学风——"勤奋、严谨、求实、创新"。

影响人生的书单

1. 马克思：《资本论》
2. 亚当·斯密：《国富论》
3. 凯恩斯：《就业、利息和货币通论》
4. 顾准：《顾准文集》
5. 尼·奥斯特洛夫斯基：《钢铁是怎样炼成的》

蒋绍愚

蒋绍愚，1940年1月生，浙江富阳人。北京大学中国语言文学系教授。主要研究方向为汉语史。代表著作有《汉语历史词汇学概要》《近代汉语研究概要》等。

治学感言

　　从事学术研究要长期积累，深入思考，不懈探求，致力于创新。积累是知识的传承，思考是人类宝贵的天性，探求是人类永恒的使命，创新是人类社会前进的动力。

　　生命是有限的，知识是无穷的。学术的发展是薪火之传，教师的职责是把学术的火炬传给学生，让他们把学术之火烧得更旺。

　　北京大学是一个神圣的学术殿堂，北大人志在学术，心怀天下。在这里，民主和科学的火种将一代一代传下去，知识和真理之光会照亮人类前进的路程。

影响人生的书单

1.《论语》
2.《老子》
3.《楚辞》
4. 沈德潜：《唐诗别裁集》
5. 王力：《汉语史稿》

赵振江

赵振江，1940年2月生，北京人。北京大学外国语学院教授。主要研究领域为西班牙语语言文学。代表著作有《拉丁美洲文学史》（合著）、《西班牙与西班牙语美洲诗歌导论》等。

治学感言

"不问收获，只求耕耘。"阿根廷史诗《马丁·菲耶罗》是我最初选定的翻译对象。这是一个十分具有挑战性的课题。我之所以这样做，一是觉得这部作品值得介绍，二是自己喜欢它雅俗共赏的哲理性和乡土气息。至于能否出版，我几乎没有想过。我前后花了六年时间，使用过八个不同的版本，请教过许多外国专家，才于 1983 年完成了这项工作。

"一要虚心，二要认真。"我深知自己难以胜任西文版《红楼梦》的翻译与校订工作。因此，第一次会见格拉纳达大学秘书长时，我就要求他派一名文学修养好、语言水平高的人（最好是诗人）与我合作。书中的诗词全部是我们重新翻译的。每一首诗都要经过反复推敲，然后还要把稿子分发给几位诗人朋友传阅，请他们提出意见并帮助修改。

影响人生的书单

1. 《论语》
2. 毛泽东：《毛泽东选集》
3. 曹雪芹：《红楼梦》
4. 尹志武：《中国历代名家诗词选》
5. 何赛·埃尔南德斯：《马丁·菲耶罗》

史树中

史树中（1940.2—2008.5），浙江镇海人。北京大学光华管理学院教授。主要研究领域包括凸分析、非光滑分析、集值分析、函数论、经济数学、金融数学等。代表著作有《凸性》《凸分析》《金融经济学十讲》等。

「治学感言」

在历史大潮变化无端的冲击下,我这叶学术界的浮萍似乎一直在随波漂流。尽管到处都留有一些痕迹,却始终未能扎下根来。等到从力学、函数论、计算技术、控制论、非线性分析、数理经济等最后漂移到金融学,决心要在北京大学光华管理学院金融系扎根时,却发现自己已经进入晚年,很难适应时代的发展。然而,我永远崇敬那些几十年如一日、锲而不舍地寻求真理、为社会默默奉献的学者专家,而鄙视那些哗众取宠、追逐蝇头小利、头重脚轻根底浅的江湖术士。我可欣慰的是,我从未停止过对知识的渴求、对科学的探索。我想,这或许也是我这个年长而又后到的北大人能为北大所做出的微薄贡献。我希望人们能在我最近出版的《金融经济学十讲》中听到我的心声。

「影响人生的书单」

我从小爱读书,数理化、文史哲、天文地理、经济金融等都愿意浏览一番,但说不出哪本书对我影响最大。影响比较明显的有这样几本书:

1. 中学时代读了一本关于数学家欧拉(Euler)的传记。该书的封面上写着欧拉发现的等式:$e^{i\pi}+1=0$,让我受到极大的震撼,我想正是这个等式使我最后决定报考大学数学系。

2. 约翰·冯·诺依曼、奥斯卡·摩根斯特恩：《竞赛论与经济行为》，王建华、顾玮琳译，科学出版社，1963年。我一生中最佩服的人是冯·诺依曼（J. von Neumann, 1903—1957），这位数学家的名字与20世纪几乎所有的新科技联系在一起：量子力学、气象预报、航天技术、原子弹、计算机等，而他影响最深远的却是经济学！因此，他与摩根斯特恩（O. Morgenstern, 1902—1977）合著、于1944年出版的《竞赛论与经济行为》（*Theory of Games and Economic Behavior*）常在我的案头，尽管书中论述的数学知识早已得到更大的发展，但第一章的内容将永远对人们有所启示。

3. 侯世达：《哥德尔、艾舍尔、巴赫：集异璧之大成》，郭维德等译，商务印书馆，1996年。这本书让我赞叹不已，它居然把数学家哥德尔、版画家艾舍尔、作曲家巴赫的作品有机地联系在一起。人类的文化真是太微妙了！

作为金融系教授，我似乎应该推荐金融系学生阅读几位诺贝尔经济学奖得主的大作：

4. 哈里·马科维茨：《资产选择：投资的有效分散化》，刘军霞、张一驰译，首都经济贸易大学出版社，2000年

5. 威廉·F. 夏普：《投资组合理论与资本市场》，胡坚译，机械工业出版社，2001 年
6. Robert C. Merton：*Continuous-time Finance*, Wiley-Blackwell, 1992

这几本书虽然都有令人起敬的思想火花，但总体来说相当乏味。这就是说，阅读技术性很强的著作常常是很艰苦的。

黄宗良

黄宗良,1940 年 3 月生,广东潮州人。北京大学国际关系学院教授。主要研究世界与中国社会主义和政治体制改革问题。代表著作有《书屋论政——苏联模式政治体制及其变易》《从苏联模式到中国道路》等。

治学感言

我从自己治学的种种毛病中逐步体会到：作为一名教师、学者，他的价值和"分量"，不完全在于，或者说首先不在发表多少著作、文章，做了多少次学术报告，有多少头衔，上过多少次电视；而在于他在学生中、在读者听众的心目中的信任度有多高，在于熟悉你的诚实的同行、学生、读者是否相信你提供的信息、看法、判断、观点。也就是说，你是否努力为接受者提供精品。精品就是自己劳动成果的精华。它要求有相当精确的材料、精练的文字、精当的结论；要求再高一些就是有相当精彩的表达、精辟的见解，防止以偏概全；学会平心静气、实事求是地分析问题，防止情绪化和固执己见。

我常以苏轼之"芒鞋不踏利名场"和戴震之"治学不为媚时语"的名言要求自己；写书作文以十年八年甚至二三十年后也可将其拿出来看看作为最重要的努力方向。

影响人生的书单

1. 罗贯中：《三国演义》
2. 蘅塘退士：《唐诗三百首》
3. 艾思奇：《辩证唯物主义和历史唯物主义》
4. 列宁：《列宁全集》
5. 罗·亚·麦德维杰夫：《让历史来审判》

叶恒强

叶恒强,1940年7月生,广东番禺人。北京大学物理学院教授,中国科学院院士。主要研究领域为材料学的电子显微学研究。代表著作有《电子衍射图》《高分辨电子显微学》等。

治学感言

在科学研究中，选题至关重要。然而选题的准确与否以及是否有能力进行，却取决于此前的准备。预则立，不预则废。当然每个人的精力有限，恰当地选择自己坚持的领域，又保持对新生事物的敏感，通过学习改进自己的能力，就有可能为下一步的工作做好准备。

影响人生的书单

1. 蘅塘退士：《唐诗三百首》
2. 吴楚材、吴调侯：《古文观止》
3. P. B. Hirsch, A. Howie, R. B. Nicholson, D. W. Pashley, M. J. Whelan: *Electron Microscopy of Thin Crystals*
4. J. M. Cowley: *Diffraction Physics*

涂传诒

涂传诒,1940 年 7 月生,北京人。北京大学地球与空间科学学院教授,中国科学院院士,发展中国家科学院院士。主要研究方向是日球层物理学。代表著作有 *MHD Structures, Waves and Turbulence in the Solar Wind: Observations and Theories* 等。

「治学感言」

我在选择基础研究的课题时,通常以个人和学术界同行的兴趣以及个人条件为主。我喜欢研究新的课题。空间物理是相对较新的领域,很多现象都有待人们去理解。如果我能透过观测数据,揭示其背后起控制作用的物理过程,我就非常高兴。在这一揭示本质的过程中,独立思考和逻辑严谨是非常重要的。由于所能得到的观测数据不充分,一个现象的多种解释是可能的。在这种情况下,经验和感觉在把握研究方向上也是十分重要的,同时要注意进一步观测检验。

我做研究时只考虑解释客观现象,事实上,我取得的一些成果的价值是在事后看了别人的引用才充分了解的。在这一领域中,不同国家和不同单位的科学家经常进行和谐的合作和友好的讨论。在这些活动中,我看到了工作的意义,并受到鼓舞。我也会为保持学术界的优良学风而尽力。

「影响人生的书单」

萧红:《呼兰河传》

严绍璗

严绍璗,1940 年 9 月生,上海人。北京大学中国语言文学系教授。长期从事以中国文化为基础的东亚文化研究。代表著作有《比较文学与文化"变异体"研究》《日藏汉籍善本书录》《日本古代文学发生学研究》等。

「治学感言」

半个多世纪以来,生活在北京大学富含生命之力的人文氛围中,秉承数代师辈的学术精神,无论生存状态发生何种变化,始终以学术立于世界为终生之任,以推进学术为终生之业,以学术甘苦为终生之乐,坚持以"刻苦地学习,踏实的学风;实在地研究,独立的思维"为自己的座右铭。

「影响人生的书单」

我喜欢读书,回想自身学术进展的道路,觉得在较为广泛地阅读中国古文献的基础上,像马克思、恩格斯的《德意志意识形态》和马克思的《路易·波拿巴的雾月十八日》,以及基佐(F. P. G. Guizot)的《欧洲文明史》(五卷)、陈独秀的《独秀文存》和顾颉刚主编的《古史辨》等思想学术精粹,对我一生的学术思想具有奠基性的影响。当今国内外学术界许多时髦的文化学新秀,在对人类思想的结晶毫无感知的状态中高谈阔论,实在是人性的挫折。

周一星

周一星,1941年5月生,江苏常州人。北京大学城市与环境学院教授。主要研究方向为城市地理、城市规划。代表著作有《城市地理学》《城市地理求索》《城市规划寻路》等。

治学感言

"城市是经济、政治和人民的精神生活的中心,是前进的主要动力",城市研究关系重大。当我国城市发展出现"系统误差"时,我能意识到问题所在,这时需要不唯书、不唯上、不追风、说真话的勇气,需要不怕被冷落、不怕坐"冷板凳"的精神,让时间来做结论。

影响人生的书单

1. 马克思:《资本论》
2. 中华地理志经济地理丛书
3. 侯仁之:《步芳集》
4. R. M. Northam: *Urban Geography*
5. H. Carter: *The Study of Urban Geography*

王祥云

王祥云,1941年5月生,江西万载人。北京大学化学与分子工程学院教授。主要从事核化学与放射化学的教学与科研工作。代表著作有《物质结构》《核化学与放射化学》等。

治学感言

在过去的几十年,知识以前所未有的速度增长,新鲜的东西层出不穷,令人目不暇接。人类无限的求知欲与个人有限的时间和精力相矛盾,我们大多数人只能局限于自己专业的狭小天地里摸爬滚打,对于其他领域少有涉猎。然而他山之石,可以攻玉,学科之间相互促进的例子在科学史上俯拾即是。我们应该关注相关学科的进展,哪怕是雾里看花也好。

在扩大自己的知识面时一定要掌握好"度",即知识拓宽到什么程度就大致上够了,再多就没有时间学或者没有必要学。专门知识是科学创造的凭借,需要不断充实和更新。

科学研究需要有稳定的经费支持,但在一个选定的方向上要长期耕耘,不能谁给经费就做谁的课题。人一生要想做成一两件事,没有十年磨一剑的执着是不成的。在科研中想出了一个好的主意,一定不要沾沾自喜。这个世界太大了,凡是自己能想到的,十有八九别人也想到了。正因为这样,原创性成果才显得珍贵。

影响人生的书单

1. 艾捷尔·丽莲·伏尼契:《牛虻》
2. 徐光宪:《物质结构》
3. 罗伯特·容克:《比一千个太阳还亮:原子科学家的故事》
4. 傅敏:《傅雷家书》
5. 鲁迅的杂文、散文与诗

项海格

项海格（1941.7—2021.1），安徽太平人。北京大学信息科学技术学院教授。长期从事通信与信息系统领域的教学与科研工作。代表译著有《扩展频谱系统》等。

「治学感言」

电子学和其他学科一样,由于发现了新的物理现象和规律,或发现了新的分析方法和工具,或研究工作取得阶段性成果,所以需要经常调整研究工作的领域和方向,需要不断地学习新的东西。

我们的学术研究就是从事教学活动、壮大学术队伍、开展学术交流、从事工程实践。从事教学活动,是基础理论和专门知识再学习,审视从事的科研工作,把科研成果作为应用示例,用到教学中来阐述基础理论。壮大学术队伍,是指一个研究方向需要有一个集体来做,要各有所长、有不同的观点,取长补短,培养出自己的观点和方法,形成竞争力和学术特色。开展学术交流,首先是队伍内部,更重要的是积极参加国际国内各种学术交流活动;要重视研究机构、产业界、运营商从不同角度看问题的关注点。从事工程实践,这个过程需要更多的时间和精力,让研究成果最终发挥作用。它扩大了视野,重新考察、检验研究成果,调整研究内容和方向。

「影响人生的书单」

1. C. E. Shannon: *A Mathematical Theory of Communication*
2. R. C. Dixon: *Spread Spectrum System*
3. A. D. Whalen: *Detection of Signal in Noise*
4. S. Verdu: *Multiuser Detection*
5. C. Berrou, A. Glavieux, P. Thitimajshima: *Near Shannon Limit Error-Correcting Coding and Decoding*

王文融

王文融,1941年7月生,江苏扬州人。北京大学外国语学院教授。主要研究领域是叙事学和文体学。代表著作有《法语文体学教程》等,代表译著有《叙事话语·新叙事话语》等。

「治学感言」

在治学过程中最深切的感受是学海无涯,学无止境。应该说,五年的大学学习给我们打下了比较扎实的外语基本功。但由于当时条件的限制,我们的知识结构不够合理完备。1977年大学恢复高考以来,面对新的形势和要求,我深感自己的不足。于是抓紧一切时间,像海绵一样吸收有益的知识,尤其注重理论和方法论的学习。和研究生甚至本科生一道听外籍教师的课,到中文系旁听《语法与修辞》,珍惜有限的出国进修的机会,虚心向同行们请教。这样,对自己以前从未接触过的西方现代文体学和叙事学,逐渐有了较深的了解和较好的把握,并形成自己的研究方向。几十年来,自己从不敢懈怠,节假日也很少休息。即便如此,现在仍时时有"书到用时方恨少"之慨。可见"活到老,学到老"这句话,绝对是条真理。

「影响人生的书单」

1. 尼·奥斯特洛夫斯基:《钢铁是怎样炼成的》
2. 艾捷尔·丽莲·伏尼契:《牛虻》
3. 马·普鲁斯特:《追忆似水年华》
4. 茨·托多罗夫编译:《俄苏形式主义文论选》(法文版)
5. 刘勰:《文心雕龙》

刘意青

刘意青，1941 年 12 月生，江苏南京人。北京大学外国语学院教授。主要研究领域为英国 18 世纪文学、美国 19 世纪小说、加拿大文学和《圣经》文学。代表著作有《女性心理小说家塞缪尔·理查逊》《欧洲文学史》等。

治学感言

外语是一门需要反复实践的科目。起初，我的成功得益于阅读大量英语读物，从易到难，以便获取语感，然后自己梳理和总结语法。但是我的英文真正变得地道和熟练是在当了教员之后。当时在西语系英语专业，由老先生手把手教我们如何备课、上课、出题和编写练习。在周珊凤等一流的英语专家"传帮带"的过程里，我不但学会了几乎所有教外语的本领，而且自身的英语水平也得到锤炼。更重要的是，老先生们自己求实求真、谦虚好学的榜样影响了我们这一代人，形成了我们的学风。

而这样的学风又变成了我们这些后来人成功的保障。虽然之后北大给了我机会到英美去留学，并获得了学位，但回想自己走过的历程，我感到最重要的还是在北大读书和教学中打下的坚实的业务基础，以及获取的爱国、爱业、爱学生的生活准则。正因为有北大这样宽松的人文环境养育和熏陶，还有一大批优秀的前辈引路和指点，才让我在治学中少走了弯路，获得了正确的人生观，成为愿意为教育奉献终生的普通一员。

影响人生的书单

1. 艾捷尔·丽莲·伏尼契：《牛虻》
2. 尼·奥斯特洛夫斯基：《钢铁是怎样炼成的》
3. 雨果：《悲惨世界》
4. 《诺顿英国文学选读》(The Norton Anthology of English Literature)
5. 《诺顿美国文学选读》(The Norton Anthology of American Literature)

郝守刚

郝守刚,1942年4月生,北京人。北京大学地球与空间科学学院教授。主要研究方向为古植物学。代表著作有《生命的起源与演化》、The Early Devonian Posongchong Flora of Yunnan 等。

治学感言

我的研究领域是古生物学,对象是化石。在没有被发现之前,化石往往沉闷地躺在地层里。只有当人们剥离开岩石,发现并面对它时,我们才会清楚地意识到,只有它能带给我们追溯生命起源的希望,并引领研究者以兼具理性与想象力的目光去遥望时间的纵深。因为我们属于现在,所以我们也被束缚于现在。人类作为一个既长久又短暂的生命体,不过是地球曾经拥有过的生命中的沧海之一粟。做这样的思考,会使我们更深切地体会生命的意义这一永恒的主题。

影响人生的书单

1. 李四光:《天文·地质·古生物》,科学出版社,1972 年

2. 王力主编:《古代汉语》,中华书局,1962 年

3. 达尔文:《物种起源》,周建人、叶笃庄、方宗熙译,商务印书馆,1991 年

陈志达

陈志达,1942 年 8 月生,福建厦门人。北京大学化学与分子工程学院教授。主要从事量子化学理论与计算研究。代表论文有 Irreducible Tensor Operator Method Study on Molecular Magnetism:A Practical Approach and its Use for High-nuclearity Magnetic Cluster 等。

「治学感言」

面对浩瀚无际的宇宙星空，人类对大自然奥秘的认知迄今还是很渺小、很脆弱的。在多年的研究工作中，我始终认为，保持一颗孩童般的好奇心和坚韧不拔的探索精神是每一位从事基础研究的科学家最基本的素质。我体会到，一旦你认准方向之后，就要坐得住"冷板凳"，始终如一，坚持数年必有成效。科学的生命在于不断地创新，不能因循守旧，要有批判思维，勇于提出问题、挑战问题，敢于创新，才能在学术上有所建树。

当今的科学与技术发展很快，人类正处于信息和资讯大爆炸的时期，要密切关注国际上的学术动态。实验和理论是人类认识自然、改造自然不可或缺的两个方面，两者相辅相成，要用理论引导实验，反过来用实验验证和挑战理论，推动理论的进一步发展。青年学生要把握时机，打好学科基础，万丈高楼平地起，为日后在科学道路上展翅高飞做准备。

「影响人生的书单」

1. 尼·奥斯特洛夫斯基：《钢铁是怎样炼成的》

2. 艾芙·居里：《居里夫人传》

3. 罗伯森：《波尔研究所的早年岁月（1921－1930）》

· 103 ·

夏正楷

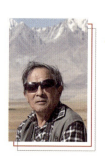

夏正楷,1942年12月生,浙江温州人。北京大学城市与环境科学学院教授。主要研究领域为地貌学和第四纪环境学。代表著作有《第四纪环境学》《环境考古学——理论与实践》等。

治学感言

现代社会是商品世界,我们不能脱离这个世界去求得生存和发展,但是,我觉得这不是人生的全部。面对无限的时空,我们感慨人生的短暂,但个人的生命总是有疆界的,对于自己唯一的一次生命过程,不能过于看重人生的成败、荣辱和福祸得失,而是要自觉、主动、热诚地去占有人生。

我是搞地球科学的,从学生时代开始,就对探讨人类与地球的关系有着浓厚的兴趣。学术生涯数十载,始终乐此不疲,沉湎于其中而不能自拔,并从中得到了人生最大的满足和快乐,人生如此,足矣。

影响人生的书单

1. 《辞海》
2. 利普斯:《事物的起源》
3. 徐弘祖:《徐霞客游记》
4. 斯文赫定:《亚洲腹地旅行记》
5. 康德:《宇宙发展史概论》

宁骚

宁骚，1943年5月生，河南西平人。北京大学政府管理学院教授。主要研究领域为比较政治学、民族政治学、公共政策学和非洲研究。代表著作有《民族与国家》《公共政策学》《非洲黑人文化》等。

治学感言

学生时代读书只为稻粱谋，笃信学习好才能工作好。当了老师，渐渐体悟到：兴趣——在探索未知领域中"衣带渐宽终不悔，为伊消得人憔悴"，有所得就犹如掘到一座金矿那样——才是在学术研究的道路上有所成就，甚至"成大事业、大学问"的强大动力。

影响人生的书单

1. 《毛泽东选集》第一卷，特别是这本书的最后两篇文章《矛盾论》和《实践论》。能够把深奥的哲学问题讲得如此深入浅出，让你既把握学理又知道如何行动。"两论"是我们战无不胜的思想武器。

2. 《邓小平文集》第三卷。"改革开放""走自己的路""摸着石头过河"——能够为一个发展中的大国所面临的庞大而复杂的社会问题制定如此简洁而有效的解决方案，没有多少政治领导人能够做得到。

3. 《孟子》。能够把统治者与被统治者的关系分析得如此透彻，既为统治者出谋划策，也为被统治者造反提供依据。它的民本主义高论现在被创造性地转化为"以人民为中心"的施政理念。

4. 司马迁：《史记》。把数千年历史梳理得既简明扼要，又栩栩如生。中国人的根意识要靠它来培植。

5. 保罗·肯尼迪：《大国的兴衰》。崛起的中国不要忘记一位美国比较历史学家早在 20 世纪 80 年代对它的殷殷期许，他对历史唯物论运用之娴熟，远在很多中国同行之上。

谢庆奎

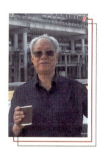

谢庆奎,1943年7月生,安徽全椒人。北京大学政府管理学院教授。主要研究领域为中国政府与政治。代表著作有《政府学概论》《当代中国政府与政治》等。

治学感言

我来北大已近六十年：五年学习，五十多年教学科研。人生苦短，学海无涯。人生毁誉交加，难以评说；学海所得，却是自己的。除了做人、教学、科研之外，还积累了一点心得体会，这就是"专""博""勤""恒""淡""动"。

"专"——专心、专一。学习要专心，治学也要专心一意，不能三心二意。专一是指做学问，要确定一个方向或一个领域，不能朝秦暮楚。这就是所谓的学有专攻。

"博"——博以养专。作为一个学者，应该有广博的知识，涉猎的面要广。广博的知识是为专攻打基础，给思路、给方法、给营养，而不是代替专攻，四面出击。

"勤"——勤以补拙。不管是天才还是笨蛋，勤奋好学，只有好处，没有坏处。对于一个没有多少天分的人，只能靠勤，勤读书、勤动脑、勤动手、勤聊侃，以勤补拙。

"恒"——持之以恒。就是要有恒心，不能懈怠，不能中断。持之以恒，总有所成。

"淡"——淡泊名利。学术舞台上，名利多多。如果追名逐利，蝇头小利也要，各种名分地位都争，势必会影响学术，变成"江湖学术"。只有以开阔坦荡的胸怀对待名利，才能在学术上真正有所贡献。但是要真正做到淡泊名利，非常不易。

"动"——动以健身。做学问要有好的身体，否则,天才也无能为力。要有张有弛,要多走动,运动健身,这是做好学问、做大学问的基本保证。日走万步,天天泡脚,已成为我健身运动的主要方式。

「影响人生的书单」

1. 谢庆奎:《政治改革与政府创新》
2. 谢庆奎:《当代中国政府与政治》
3. 谢庆奎:《政府学概论》
4. 谢庆奎:《政治·政府·社会》
5. 谢庆奎:《中国地方政府体制概论》

周乐柱

周乐柱,1944年7月生,贵州贵阳人。北京大学信息科学技术学院教授。主要研究领域为电磁场理论、计算电磁学及其应用。代表著作有《简明理论力学教程》等。

「治学感言」

我的科研工作中,有相当一部分是按照这样的模式进行的:根据所研究的实际问题所涉及的物理规律和特殊情况,建立恰当的物理数学模型,然后采用适当的数学方法(解析的或数值的)去求解该问题,得到数学解后,再回到工程实际问题,看得到的解是否符合实际,或是否能揭示或解释新的现象或规律。这个过程可简记为"物理—数学—物理"。在这一过程中,起点是简单而优美的(如麦克斯韦尔方程或由它推导出的矢量波方程),终点也是简单而优美的(如复杂目标的雷达散射截面曲线),其中的过程则是复杂而曲折的,需要严格的数理逻辑、烦琐的编程计算,困难和挫折在所难免。然而正是这些复杂和曲折增加了研究的好奇心和兴趣,正是这些困难和挫折增加了我们到达终点时的胜利感和乐趣。

「影响人生的书单」

1. 福里斯、季莫列娃:《普通物理学》
2. 吉米多维奇:《数学分析习题集》

前者给了我物理学的基本知识和基本思维方式,后者使我在数学基础方面得到强化训练(我和当年的许多同学一样,做了其中的几百道题),扎实的数学和物理基础使我终身受益。

3. Waldron：*Theory of Guided Electromagnetic Waves*

4. R. E. Collin：*Antennas and Radiowave Propagation*

这两本书把我从泛物理领域引入电磁场与微波技术领域，开辟了专业研究的新天地。

5. Andrew E. Peterson, Scott L. Ray, Raj Mittra：*Computational Method for Electromagnetics*

这是我近十年来经常翻阅的专著之一，其中既有基础理论、复杂的计算公式，又反映了计算电磁学及其应用领域最新的研究成果。

任光宣

任光宣，1944年10月生，河北怀来人。北京大学外国语学院教授。主要研究领域为俄罗斯文学。代表著作有《俄罗斯文学史》《俄罗斯文学的神性传统》等。

「治学感言」

　　在做学问的道路上没有上帝的恩赐，也不能等待他人的馈赠，而要靠自己的努力，成绩是时间、精力和汗水的结果。古人云"业精于勤"，要勤奋好学，知难而进，不断进取，敢于创新。

　　聪明、幸运、灵感只能是临时的朋友，它们会给予人一时一事的帮助，而勤奋才是永远的、忠实的朋友，伴你走完学术的人生。因此，还是马克思的那句名言说得好："只有在崎岖山路的攀登上不畏劳苦的人，才有希望达到光辉的顶点。"

「影响人生的书单」

1.《论语》

2.《圣经》

3. 黑格尔：《美学》

4. 罗曼·罗兰：《约翰·克利斯朵夫》

5. 埃米尔·路德维希：《拿破仑传》

王天有

王天有（1944.10—2012.12），山西临汾人。北京大学历史学系教授。主要研究领域为中国古代史、中国古代政治制度史、明清史。代表著作有《晚明东林党议》《明代国家机构研究》等。

治学感言

我从学史到治史已有四十多年了。四十年来,历史学一直是我生活中的伴侣。中国史学传统讲求"彰善瘅恶,法戒万世",又说"志古之道,所以自镜也",还有"述往事,思来者"等,讲的都是历史学的功用。就我个人领悟,史学还可以拓展人们的思维空间,与古人神往交谊,可兴,可观,可群,可怨,乐在其中。至于治史之道,我尚在求索之中,但有三方面的体验,无妨说说。

首先,学历史要有坐"冷板凳"的精神,要有"读书破万卷"的情趣。现代信息技术为学习历史提供了极大的方便,但替代不了读书,只有"入得书",才能把历史上的脉络看得真真切切。其次,要"出得书",这就是史识。史识建立在"通古今之变"的基础之上,正确认识历史可以兴邦,错误判断历史可以亡国,秦朝"不师古而师今",新朝"师古而不适用""同归殊途,俱用灭亡",可见史识的重要。最后,治史也要与时俱进。历史不是陈编、故纸,而是有生命的东西、进步的东西,它与现实、未来息息相关。治史者理应关怀当今社会,关注人类未来,也就是说关心自己研究的时空环境,其实史学的生命力、史学的情趣,就孕育在这些关注中。

「影响人生的书单」

1. 《论语》
2. 司马迁：《史记》
3. 吴兢：《贞观政要》
4. 黄宗羲：《明夷待访录》
5. 曹雪芹：《红楼梦》

彭立中

彭立中，1944 年 10 月生，辽宁沈阳人。北京大学数学科学学院教授。主要学术领域为调和分析、小波理论及应用。代表著作有《数学分析》教材等。

「治学感言」

数学的诱惑是不可抵御的。她高举的火炬、跳动的烈焰,优雅而壮美,指引你前行。当你抓住一个问题时,未知世界的神秘鼓动着你去探索。需要什么知识,你就得学习什么知识。灵感来临,非常偶然,多个偶然的积累,又形成必然。当问题解决时,会感到自身的成长。

进入数学这一门,就有一种"身在江湖,身不由己"的感觉。一个一个课题带领着你,一门一门新学科让你不断地学习。一个难题被攻克,一批难题会产生,需要去判断、选择、规划下一个目标。特别当你运用新发现的理论解决一个实际的工程问题时,更会对数学的魔力赞叹不已。下一个发现是什么,你总是有所期待。每天的太阳都是新的。

「影响人生的书单」

1. E. M. Stein: *Singular Integrals and Differentialbility Properties of Functions*, Princeton Univ. Press, 1970
2. H. Triebel: *Theory of Function Spaces*, Birkhauser-Verlag, Basel, Boston, Stuttgart, 1983
3. I. Daubechies: *Ten Lectures on Wavelets*, CBMS-NSF, 61, SIAMPubl, 1992
4. A. Terras: *Harmonic Analysis on Symmetric Spaces and Applications* I, II, Springer-Verlag, New York, Berlin, Heidelberg, Tokyo, 1985
5. 王力:《诗词格律》(中国文学史知识丛书)

丁明孝

丁明孝,1944年11月生,辽宁大连人。北京大学生命科学学院教授。主要研究领域是细胞生物学。代表著作有教材《细胞生物学》等。

治学感言

从 1962 年考入北京大学生物学系读书，至今已近六十载。此间曾在农村、工厂工作十年，在国外工作了三四年，在学校任教三十年。无论在哪里，无论在何等逆境下，北京大学都是我的精神支柱，她鼓舞我、激励我、催我奋进。

悠悠一生，不仅感恩于辛勤哺育我成长的老师和母校，还有幸遇到了工厂和农村的诸多良师益友。"善与人同，舍己从人"的理念，会让一个人充实自信，富有责任心，以一个积极乐观的心态，从不同的视角观察、思考与解决问题。无论是教学科研，还是在社会工作中，认认真真做事，又不拘一格，从细小平凡的事做起，一步一个脚印，才能扎扎实实地不断进取。

我最期待和开心的时刻是与老师和学生们共同分享成功的喜悦！

影响人生的书单

1. 吴承恩：《西游记》

2. 艾捷尔·丽莲·伏尼契：《牛虻》

3. 蘅塘退士：《唐诗三百首》

郭之虞

郭之虞，1944 年 12 月生，江苏常熟人。北京大学物理学院教授。主要从事加速器质谱学等核技术研究。代表著作有《现代核分析技术及其在环境科学中的应用》等。

「治学感言」

做学问最重要的是要培养敏锐的观察力和形成独立思考的习惯。要善于从文献资料中、实验现象中、交流讨论中甚至日常生活中发现问题，善于从不同的角度分析问题，善于提出自己的新观点、新方法、新思路。这也就是我们现在经常说的创新。

但是创新离不开积累，做科学研究首先要有好的功底，有了"厚积"才能"薄发"。从事实验研究还要特别重视实验技能的掌握，一定要亲自动手做实验，万不可过分流连于计算机前而忽视了实验。

如果说科学研究有捷径的话，那就是求教于名师。高水平的学术交流十分重要。要出高水平的成果，就要与本领域国际上的一流学者建立合作交流关系。现在大家都盯着文章，不过要切记：文章是科学研究的结果，而不是目的。

「影响人生的书单」

1. 尼·奥斯特洛夫斯基：《钢铁是怎样炼成的》。顽强的意志力、不畏任何逆境与艰难困苦，这是一个人最可贵的品质。
2. 列夫·托尔斯泰：《战争与和平》。置身于壮阔的历史长卷之中，个人的得失、恩怨、沉浮皆可以平常心视之。

3. 程廷芳:《怎样识星》。一本不起眼的小书,升入初中时父亲的礼物。对于科学的热爱和追求自此而始。
4. 阿尔伯特·爱因斯坦、利·英费尔德:《物理学的进化》。从力学讲到相对论,书中却没有一个数学公式!物理学的核心是物理思想。
5. 吉米·卡特:《为什么不是最好的》。美国前总统卡特的回忆录。内容已然淡忘,但是书名却时时铭记在心。

易杰雄

易杰雄，1945年1月生，江苏南通人。北京大学马克思主义学院教授。主要研究领域为辩证唯物主义和列宁哲学。代表著作有《列宁〈哲学笔记〉研读》《创新论》等。

「治学感言」

从事科学研究是一项圣洁无比而又充满风险的事业。把它当作追逐名、利、权的场所,本身就是对它的最大亵渎!在中国就更是如此。我们的国家是一个发展中国家,还谈不上富裕,能获得系统栽培的人是极少数,有幸能在科研领域工作的就更少了。在我国能从事科学研究是一种极其难得的幸运。事实上,也只有心灵的纯洁,才可能有科学思维的深刻,才能大无畏地进行探索,并百折不回地坚持到底,才有可能最终取得某些突破。

一个真正的学者,并不单单属于他自己,甚至也不单属于他所在的单位,而是属于整个民族乃至人类的。他的存在不应当限于他生前,而应当在人类的历史上有自己的印迹。因此,他应当严格要求自己,努力除旧布新,考虑自己写的每一篇文章、每一本书,是在为自己,也是在为国家和人民说话——说的是肺腑之言,还是言不由衷;能启发读者的心智、净化人们的灵魂,还是可能混淆视听、毒化社会;是推动社会进步,还是可能误国误民。

「影响人生的书单」

1. 邓广铭:《岳飞传》

2. 人民教育出版社编:《辩证唯物主义常识》

3. 保尔·拉法格:《回忆马克思恩格斯》

4. 列宁:《哲学笔记》

5. 鲍·姆·凯德洛夫:《列宁思想的实验室》

张玉安

张玉安，1945年7月生，吉林乾安人。北京大学外国语学院教授。主要研究领域为印尼马来语言文化和东南亚文化。代表著作有《印度的罗摩故事与东南亚文学》等。

【治学感言】

一个课题,尤其是较大的课题,往往都是立体的,是由多个侧面组成的。仅从一个侧面,用一种理论和一种方法去观察、去分析,即使观察得很细,分析得很透,也很难得出全面的、正确的结论。从多个侧面,用多种理论和多种方法去观察、去分析,并把所观察的现象融会贯通起来,得出的结论才有可能是相对全面和相对客观的。

因此,作为一名学者,除了学习和掌握自己本学科的理论和方法,还应该对相关学科的理论和方法有所了解。如果能够较自然地将几个相关学科的理论和方法运用到某一课题的研究中去,那么所获得的科研成果便有可能经得起时间的考验。这既是我的体会,也是我的努力方向。

【影响人生的书单】

1. 尼·奥斯特洛夫斯基:《钢铁是怎样炼成的》

2. 季羡林:《糖史》

3. 段宝林:《中国民间文学概要》

4. 大林太良:《神话学入门》

5. 梅维恒:《绘画与表演》

杨冬青

杨冬青，1945年12月出生于四川省自贡市。北京大学信息科学技术学院教授。主要研究领域为数据库与信息系统。代表译著有《数据库系统概念》，代表论文有 A Logical Design Methodology for Relational Databases Using the Extended Entity-Relationship Model 等。

治学感言

作为已在北京大学学习和工作了四十余年的北大人,我深深体会到"勤奋、严谨、求实、创新"的优良学风是北大的宝贵精神财富,并以此作为自己的座右铭和对研究生的要求。

由于长期在飞速发展的计算机科学技术领域中从事研究和教学,我深深感到不断学习和充实自己、不断进行知识更新和掌握最新研究动态的必要性,认为自己既应该是诲人不倦的教师,又永远是孜孜以求的学生。

影响人生的书单

1. 尼·奥斯特洛夫斯基:《钢铁是怎样炼成的》
2. Donald E. Knuth: *The Art of Computer Programming*

陈占安

陈占安，1946年1月生，山东荣成人。北京大学马克思主义学院教授。主要研究领域为马克思主义中国化。代表著作有《毛泽东领导理论研究》《马克思主义大众化的历史经验》等。

治学感言

对自己要严格，对别人要宽容；干工作要专心，处事情要果断；搞学问要扎实，写文章要严谨。有哲学头脑的人应该力求做到，在多数人心灰意冷的时候，自己能够先乐观起来；在多数人头脑发热的时候，自己能够先冷静下来。

管理工作的实质在于创造，很多事情不能等着别人出主意拿经验，我们一定要自己先想办法，先闯路子，要敢于做别人没有做但是后来实践证明是应该做的事。同样，学术研究的关键也在于有新发现、新创造，很多题目不能等着别人研究后才动手，要有超前的意识和快半拍的勇气，敢于去研究那些别人没有研究或者别人已经有所研究但自己有不同看法的问题。这应该是一名北大教师的自觉。

影响人生的书单

1. 毛泽东：《毛泽东选集》
2. 艾思奇：《大众哲学》
3. 黄楠森、庄福龄、林利主编：《马克思主义哲学史》
4. 吴楚材、吴调侯：《古文观止》
5. 冯梦龙：《智囊补》

温儒敏

温儒敏,1946年2月生,广东紫金人。山东大学讲席教授,曾任北京大学中国语言文学系教授。主要研究领域为现代文学史和语文教育。代表著作有《中国现代文学批评史》《中国现代文学三十年》《为精神界之战士者安在》等。

[治学感言]

"今索诸中国,精神界之战士者安在?"这是1907年鲁迅在《摩罗诗力说》结尾说的一句话。鲁迅时年26岁,还是个热血青年。当时怀抱"新生"理想的鲁迅希望能借域外"先觉之声",来破"中国之萧条"。我的学术之路是从鲁迅研究开始的,后来涉及文学史和语文教育诸多方面。四十多年来,我始终把鲁迅视为"精神界之战士",看重其文化批判的功能。当然,也意识到在中国喊些口号或者写些痛快文章容易,要改革就难得多,哪怕是一寸的改革,都要付出巨大的代价。我们光批评抱怨不行,还要了解社会,多做建设性工作。

[影响人生的书单]

1.《论语》

2. 马克思、恩格斯:《共产党宣言》

3. 鲁迅:《鲁迅全集》

4. 曹雪芹:《红楼梦》

5. 恩格斯:《自然辩证法》

文兰

文兰,1946年3月生,安徽泾县人。北京大学数学科学学院教授,中国科学院院士,发展中国家科学院院士。主要研究领域为微分动力系统。代表著作有 Differentiable Dynamical Systems(美国数学会出版)等。

「治学感言」

治学的道理很深，这里想从一个初等的角度——家庭教育谈一谈。人的学习大致有三种方式：一是听老师讲；二是自己看书，自己揣摩；三是通过教别人，反而把自己教懂了。

人们多重视第一种方式。父母给孩子找家教，上辅导班，就是想让孩子更多地听老师讲。其实这种方式往往比不上第二种。道理很简单，就像认路，别人领着指着，自己跟着走，走多少遍也不一定认得路。若自己问路自己走，一遍就能认得。第三种方式，教别人，比第二种更难。唯其如此，学习效果也更好。最成功的父母，不是给孩子找家教，而是给孩子买合适的书，让孩子自己读、自己想，再讲给父母听。这就在课外把孩子按第二、三种方式培养了，效果要好得多。

「影响人生的书单」

1. 曹雪芹：《红楼梦》
2. 鲁迅：《鲁迅杂文选》。我国大文学家的传世之作。
3. 柳·科斯莫杰米扬斯卡娅：《卓娅和舒拉的故事》。苏联时期作品，由并非作家的母亲写成。为青少年而写，却凝就一篇人间最高尚、真切、感人的文字。
4. 张景中：《数学与哲学》。这是一本科普作品，作者是数学家，却写出许多深刻的哲学见解，可见数学与哲学是相通的。
5. 《钦定三希堂法帖》。类似的字帖很多，举出一本在这里是想说，我国的书法，其意境之美、之深，是在艺术之巅，可惜喜欢的人渐渐少了。

顾志福

顾志福，1946年11月生，浙江乍浦人。北京大学工学院教授。主要研究领域为流体力学、风工程。代表论文有 On Interference between Two Circular Cylinders in Staggered Arrangement at High Subcritical Reynolds Numbers 等。

治学感言

经过中青年时期艰苦的生活、学习和工作环境,特别感觉到目前给年轻人创造良好的学习和工作条件的重要性。一个人的知识和才能应该是多方面的,包括具备亲自动手的能力,对实验研究工作者尤其如此。

科学研究方向的选择既要考虑其重大的学术意义,同时也要考虑其与国民经济紧密联系的程度,才能有广阔的前景。对科研工作,在完全尊重事实的基础上,要有执着的追求精神。对于认定的研究方向,一定要孜孜不倦地长期坚持下去,才有可能获得一些有意义的成果。世界的奥秘是无穷无尽的,科学研究没有捷径可走,有志者应脚踏实地走好每一步,做好眼前的每一件小事。

影响人生的书单

1. Emil Simiu, Robert H. Scanlan:*Wind Effects on Structures*
2. Jewel B. Barlow, William H. Rae. Jr, Alan Pope:*Low-speed Wind Tunnel Testing*
3. L. 普朗特等:《流体力学概论》
4. 吴望一:《流体力学》
5. Hermann Schlichting:*Boundary Layer Theory*

戴龙基

戴龙基,1947年2月生,四川成都人。澳门科技大学社会与文化研究所教授,曾任北京大学图书馆馆长。主要研究领域为图书馆学、管理学。代表著作有《我国信息资源共建共享的可持续发展研究》《全球地图中的澳门》等。

［治学感言］

"辨章学术,考镜源流"作为治学传统门径,历来为学者所推崇。虽然今天通过"上网"和"触电"能使我们轻易"观古今于须臾,抚四海于一瞬",但要想在知识的海洋里乘一叶扁舟,自在畅游,仍需追溯源流,理清脉络,搜尽天下之信息为己所用,我想这是治学的一个理想境界,也是北大图书馆员的责任。

［影响人生的书单］

1. 尼·奥斯特洛夫斯基:《钢铁是怎样炼成的》
2. 毛泽东:《中国革命和中国共产党》
3. S. R. Ranganathan: *The Five Laws of Library Science*
4. 范文澜:《中国通史简编》

陈庆云

陈庆云，1947 年 5 月生，江苏盐城人。北京大学政府管理学院教授。主要研究领域为公共政策。代表著作有《公共政策分析》等。

「治学感言」

1972年,一个偶然的原因,使我匆匆进入科学哲学的研究殿堂。尽管在那里停留时间不长,但所经历的熏陶却一生受益。或许,大师传授的"真经"被我"念歪"了,但我确实真诚地相信"越是复杂的现象,其背后的道理越简单"这一思想,并一心想把这个理念用来分析社会公共事务管理实践。按理说,公共管理与公共政策更应注重实证研究,而我却偏偏乐此不疲地选择该学科的基本理论作为探索对象,并主持了国家社会科学基金重点项目"公共管理最新基本理论研究"。

别人问我,为什么愿意做这种十分吃力却难以取得明显成绩,甚至可能是一辈子也没有结果的事?其实,激励我奋发努力的动力,除了来自北大人的学术责任外,最重要的就是前面提及的那个理念。愿意从事理论研究,尤其是基础理论研究的人,要淡泊名利、耐于寂寞,甘坐"冷板凳","清清白白做人,老老实实做学问"。

「影响人生的书单」

1. 许良英、范岱年编译:《爱因斯坦文集》(第一卷),商务印书馆,1976年
2. 范岱年、赵中立、许良英编译:《爱因斯坦文集》(第二卷),商务印书馆,1977年

3. W. C. 丹皮尔:《科学史及其与哲学和宗教的关系》,李珩译,张今校,商务印书馆,1975 年
4. 许国志主编,顾基发、车宏安副主编:《系统科学》,上海科技教育出版社,2000 年
5. William N. Dunn: *Public Policy Analysis: an Introduction* (3rd Ed.), Upper Saddle River, N. J.: Pearson Prentice Hall. 2004

朱凤瀚

朱凤瀚，1947年7月生，江苏淮安人。北京大学历史学系教授。主要研究领域为先秦史、古文字、青铜器、出土文献及商周考古。代表著作有《商周家族形态研究》《中国青铜器综论》等。

「治学感言」

我所从事的中国先秦史研究，具备两个特点：其一，这一时段社会经历了形态的质变，历史发展波澜壮阔，而此时段内建立的国家及与其相应的政治与经济社会形态是人类早期文明发展的重要模式之一，其物质与精神文化之成就，特别是灿烂的青铜文化是人类文明史中闪耀异彩的一页。正因如此，先秦历史研究有着格外重要的学术意义。

其二，先秦时段距今年代久远，文献史料奇缺，许多真实生动的历史被笼罩在层层迷雾中，欲窥视当时历史之真实面貌，要求研究者除了具备阐释佶屈聱牙的典籍之功力，更需有较广博的知识结构，有科学利用更多类型的史料（如出土的各种古文字与田野考古发掘的多种文化遗存等）之能力，并为此付出更艰辛的努力，因而也具有挑战性。

正是由于以上两点，我对这一学术领域始终充满热情与兴趣，我相信这一深具诱惑力的中国先秦史学科，会吸引更多的年轻史学家为之贡献他们的才华。

「影响人生的书单」

1. 张政烺：《张政烺文集》
2. 陈梦家：《殷墟卜辞综述》
3. 白川静：《金文通释》
4. 张光直：《中国青铜时代》
5. 乔治·彼得·穆达克（G. P. Murdock）：《我们当代的原始民族》

高崇文

高崇文,1948 年 3 月生,河北盐山人。北京大学考古文博学院教授。主要研究领域为中国考古学。代表著作为《古礼足征——礼制文化的考古学研究》。

「治学感言」

考古是一门很艰苦的专业，却又是极具魅力和吸引力的专业。大凡有志于此事业者，都会在探讨神秘的世界中忘掉自我。初学考古，可以说什么都不懂，是在几次重要的田野考古实习中被深深感染，被丰富多彩的古代文化引进了考古学研究的殿堂。

回想起来，北京大学考古专业自创建以来，之所以一直注重田野考古，之所以在大学本科学习中一直坚持安排整整一个学期的田野考古实习，就是因为田野考古是进入考古学的门径，更是考古学的基础，近现代考古学这个新兴学科正是在此基础上产生和发展起来的。

既然矢志于这一学科，就会有锲而不舍的动力。勤勉是通往科学殿堂的阶梯，流多少汗水就会有多少收获，这应当是所有有志者的必经之路。

「影响人生的书单」

1. 顾颉刚：《古史辨》
2. 王国维：《观堂集林》
3. 阮元：《十三经注疏》
4. 阮元、王先谦：《清经解》《清经解续编》
5. 俞伟超：《先秦两汉考古学论集》

王缉思

王缉思，1948年11月生，广西博白人。北京大学国际关系学院教授。主要教学和研究方向为美国外交、中国外交、亚太安全。代表著作有《大国关系——中美分道扬镳，还是殊途同归?》《大国战略——国际战略探究与思考》《世界政治的终极目标——安全、财富、信仰、公正、自由》等。

「治学感言」

我在国际政治领域的治学，主要体会有三点：

首先，平时我们所观察到的国际政治现象，就好比是巨大冰山上露出海面的部分，而决定冰山运动方向的，是不易观察到的海洋和冰川深处，那就是世界各大文明以及各国内部的政治、经济、社会、文化的特色和发展变化。

其次，我既帮助中国学生和公众了解外部世界，又促进外部世界理解中国，可以说扮演了某种"边缘人"角色。但是，我的立足点永远是中国。

最后，我在从事学术研究的同时也从事政策研究。前者需要冷静、扎实，站在客观立场上；后者需要热忱、敏锐，站在国家立场上。在两者之间，我永远立足于学术，因为只有掌握充分的学理，才能形成政策研究中的真知灼见，提出符合国家和人民长远利益的设想。

「影响人生的书单」

1. 罗贯中：《三国演义》
2. 汉斯·摩根索：《国家间政治》
3. 毛泽东：《毛泽东选集》
4. 亨利·基辛格：《世界秩序》
5. 艾捷尔·丽莲·伏尼契：《牛虻》

陈学飞

陈学飞，1949年2月生，黑龙江肇东人。北京大学教育学院教授。主要从事美国高等教育、高等教育政策研究。代表著作有《美国高等教育发展史》等。

「治学感言」

　　做学问，切忌"打游击"，即"打一枪换一个地方"，不断地跟着风向转，捕捉热点，抢占"山头"，这往往导致"假、大、空、繁、浅"成果的问世。造成"游击"习气的原因，与急功近利的社会风气和评价标准有关，"唯上""唯风""唯众""唯钱"。

　　做学问，最重要的是认准一个主攻方向，明确树立"学理意识""问题意识""方法意识"，注重研究基础性的、客观世界存在的"真"问题，或者运用已有的理论加以解释，或者抽象出新的概念和理论。真理永远是具体的、朴实的、简明的。只要找准方向，坚持不懈，总有所成。

「影响人生的书单」

1. 毛泽东：《毛泽东选集》
2. John S. Brubacher and Willis Rudy：*Higher Education in Transition：A History of American Colleges and Universities*，Harper & Row Publishers，1976
3. 克拉克·科尔：《大学的功用》（陈学飞等译）
4. 老子：《道德经》
5. 丹尼尔·笛福：《鲁滨孙漂流记》
6. 吴国盛：《科学的历程》

钱乘旦

钱乘旦，1949年7月生，江苏常州人。北京大学历史学系教授。主要研究领域为世界史。代表著作有《在传统与变革之间》《西方那一块土》等。

「治学感言」

历史学有双重功能:恢复过去和以史为鉴。双重功能的基础是恢复过去,只有恢复真实的过去,才能认知历史,也才能对历史进行思考。尽管我们知道,完全恢复过去是不可能的,但我们仍然要尽可能接近过去的真实。这就使历史学家的工作异常艰苦,他们必须寻找那个真实的过去。

然而恢复过去仅仅是开始,更艰巨的是思考过去留下的资讯。每一代人都会对过去有自己的思考,因为每一代人都在用现在与过去对话。而这就是历史的活力所在:历史之所以永远存活,就因为它绝不是死了的过去。

人们常引用我说过的这句话:"能够听见历史说话已经很了不起了,而能够听懂历史在说什么,这就是一种巨大的才智。"我觉得,这是我学习历史最大的感慨。

「影响人生的书单」

1. 唐圭璋、潘君昭等:《唐宋词选注》
2. E. P. 汤普森:《英国工人阶级的形成》
3. 列夫·托尔斯泰:《战争与和平》
4. 《英华大辞典》
5. 《世界通史》

张祥龙

张祥龙，1949年8月生，河北深县人。北京大学哲学系教授。主要研究领域为现象学、儒家哲学。代表著作有《海德格尔思想与中国天道》《家与孝》等。

「治学感言」

　　学术思想的最终源头只能是人的实际生活,以及对此种生活的根本意义的思索,但学术活动的直接依据——就哲学而言——却基本上是原始文本。没有任何人(包括阅读者本人)、任何现成的权威框架能垄断对文本的解读。文本有它的生命,并不完全由我们摆布;但它又永远要求我们的现时生命的投入,以打开理解的大门。奇妙的是,尽管对文本的解释可能不同,而且几乎总是不同,但我们却总可以期待那真正出色的解释得到今天或未来人们的某种认同。

　　伟大的文本中总潜伏着新的理解可能,在真诚的追求和风云际会中忽然焕然一新,发出能改变时代思潮的声音。所以,不要忽视那些古老的和遥远的,也不要把它们完全改造成现代的和合用的,而是要在感受它们的古远苍凉时,嗅到新鲜的、只在原始森林中才有的空气。发疯了三十五年之后,也就是临去世一年前的荷尔德林,在图宾根内卡河畔写下这样一句诗:"大自然(亦可以理解为原始的文本与生命放光之处)是那更高的来临。"(《塔楼之诗》"秋"之二)

「影响人生的书单」

1. 《庄子》
2. 《论语》
3. 斯宾诺莎:《伦理学》
4. 列夫·托尔斯泰:《战争与和平》
5. 海德格尔:《存在与时间》
6. 梭罗:《瓦尔登湖》

赵敦华

赵敦华，1949 年 8 月生，江苏南通人。北京大学哲学系教授。主要研究领域有西方哲学史、现代西方哲学、中西比较哲学等。代表著作有《基督教哲学 1500 年》《我思故我道》等。

治学感言

做学问有两条路:一是把简单问题复杂化;二是把复杂问题简单化。把简单问题复杂化,是一种理论思维和批判思维的能力,要在别人认为没有问题的地方看出问题,或在别人认为问题已经解决的时候提出新的问题。这种能力的形成要经过严格的学术训练,脱离日常经验和思维的定式,这是年轻时宜走的一条路。人到年老时,自然会体会到,真理其实是简单的。古今中外的真理纵有千万条,但真理不会反对真理,能够兼并圆融的学说才是真理。

影响人生的书单

1. 汉默顿:《西方名著提要——哲学、社会科学部分》
2. 汉默顿:《西方名著提要——自然科学部分》
3. 汉默顿:《西方名著提要——历史学部分》
4. 徐旭生:《中国古史的传说时代》

王思斌

王思斌，1949年10月生，河北泊头人。北京大学社会学系教授。主要研究领域为社会政策、社会工作、农村社会学、组织社会学。代表著作有《走向社会的基础结构》《社会工作本土化之路》等。

「治学感言」

我很热爱自己所学和选定的社会学。在二十余载的社会学教学研究和后来推动中国社会工作专业发展的过程中，我深深感到一个学者所应负有的责任，这就是向人民负责，向社会负责，向学术负责。

对这种责任感的体认是与我的人格高度一致的：我愿意认认真真做人，踏踏实实做事。在治学之路上我愿意面对社会转型中之现实，说实话不说假话，并以某种理想主义情怀去探索推动社会进步之路径，这也可能在学术与现实之间生发出某些新的学术观点。

至于教师之角色，我有一个坚定的信念：以学生为本，为学生服务而不是让学生为我服务（包括那些研究生）。如果要排顺序的话，我愿意说教书第一，科学研究第二，当然我知道二者在关系上是密不可分的。

「影响人生的书单」

1.《礼记·礼运》

2.《大学》

3.《中庸》

4. 费孝通：《乡土中国》

5. 马克思、恩格斯：《共产党宣言》

6. 马克斯·韦伯：《经济与社会》

马戎

马戎，1950 年 3 月生，上海人。北京大学社会学系教授。主要研究领域为民族与边疆发展、教育研究、人口迁移。代表著作有《民族社会学》《社会学的应用研究》、*Population and Society in Contemporary Tibet* 等。

> 治学感言

为了创造学术创新的氛围和风气，有四个方面值得关注：

一、解放思想。中国近百年先效法欧美，后效法苏联，发现任何一个现成发展模式都不能完全适合我国国情。各国现成发展模式、政治体制的教条束缚我们的思维。解放思想是学术创新的必要前提，真理的检验只能通过实践。

二、开拓思路。中华文化和国学研究有悠久的传统，有长处和短处。要把"中学"和"西学"的知识体系有机结合起来，把中国人的人文思辨传统和西方人的科学实验精神结合起来，占有世界各国的学术积累，才能使我国的研究具有创新的基础和潜力。

三、立足本土。在社会科学领域，开展实地调查研究是获取最基础研究素材的主要方法。"没有调查，就没有发言权。"

四、兼容并包。是北大开展学术活动、鼓励学术创新的精神核心。只要是真正以学术研究为导向，各种学派、各种观点都可以在北大校园里自由讨论。今天的中国仍然处在一个深化体制改革、探讨新体制和新模式的进程中，无论是对历史的反思还是对未来的建议，各种不同的观点和建议都应当有一个发表的场所。

> 影响人生的书单

1. 黄仁宇：《万历十五年》
2. 费孝通：《乡土中国》
3. 尼·车尔尼雪夫斯基：《怎么办？》
4. 尼·奥斯特洛夫斯基：《钢铁是怎样炼成的》

胡军

胡军,1951年8月生,上海人。北京大学哲学系教授。主要研究领域为中国古代哲学、中国现代哲学、中西哲学比较、知识论等,代表著作有《道与真:金岳霖哲学思想研究》《论知识创新》《中国现代直觉论研究》等。

治学感言

1. 要根据自己的能力与兴趣选择适合自己的学术发展方向。
2. 学术研究贵在长期的努力、奋斗，尤其是人文学科，需要长久的积累。
3. 广泛的阅读兴趣有助于个人学术的进步，但必须要以某一兴趣为主。
4. 要以自己的学术兴趣为核心逐渐养成良好的生活模式。

影响人生的书单

1. "四书"
2. 《庄子》
3. 柏拉图：《理想国》
4. 康德：《纯粹理性批判》
5. 罗素：《哲学问题》

姜明安

姜明安,1951年9月生,湖南汨罗人。北京大学法学院教授。主要研究领域为行政法和行政诉讼法。代表著作有《行政法》《行政诉讼法》等。

治学感言

自 20 世纪 80 年代初，我开始研究行政法。那时，大学里还没开行政法的课，书店里还没有行政法的书，法院还不受理"民告官"的案子。但是当时我深信，中国需要行政法，公权力需要法律与制度进行约束，所以我坚定地选择了研究行政法这条道路。虽然经历了很多很多的困难，但我没有退缩过，一直在这条道路上走了下来。现在，中国的行政法学、中国的行政法治都有了很大的发展。尽管我们与法治发达国家还有较大的差距，但是行政法毕竟在中国这块土地上生长起来了，并且扎下了根。

回想自己二十多年的治学历程，有三点感想：

其一，做学问，一定要与国家的需要、人民的需要结合起来。国家前进中遇到的困难和问题、人民对美好生活的向往，应该成为我们做学问的动力。我们的工作、我们所做的学问，如果能为我们的国家、我们的人民减少灾难、痛苦起一点作用，我们会从中获得很大的快乐。

其二，做学问，一定要刻苦，要放弃很多利益、很多机会、很多诱惑，要花很多时间去读书、去调查、去思考。很多时候要一个人坐在书房里，坐在电脑前苦苦地思索、思考。

其三，做学问，一定要有创新精神，"嚼别人嚼过的馍没味道"，古人说，"语不惊人死不休"。限于水平和能力，虽然即使努力也不一定能说出多少惊人之语，写出多少惊人之作，但是，作为学者，我们一定要用自己的头脑思考，说出多少有些新意、对社会有益的话，写出多少有些新意、对社会有益的作品。

「影响人生的书单」

1. 雪克：《战斗的青春》。这是我在乡下上小学时读的第一本长篇小说，当时我被书中的许凤、李铁等抗日英雄人物深深地、久久地感动，他们做人、行事的方式似乎对我整个人生都产生了某种潜移默化的影响。

2. 孟德斯鸠：《论法的精神》。这是我上大学时所读的多部经典名著之一，该书是最初引起我对公法的兴趣，促使我一生献身公法的众多因素中最重要的一个因素。我至今记得该书特别引起我深思的一句名言："一切有权力的人都容易滥用权力……要防止滥用权力，就必须以权力制约权力。"

3. 马君硕：《中国行政法总论》。这是我上大学时最早读到的一本行政法著作，是导致我后来以毕生的精力研究行政法——公法的最主要部门——的主要诱因。

4. 艾博·文·戴雪：《英宪精义》。这是我在研究欧洲大陆法治与英美法治的区别时所阅读的，对我的法治观形成影响较大的一本书。特别是该书关于英国法治三要素的论述，我至今仍认为是法治的核心价值：限制专断权力、法律至上和法制统一、宪法和公民权利保障源于法院的判决。
5. 柯武刚、史漫飞：《制度经济学》。这是一本非我的专业，但与我的专业有着密切关系的书。这本书使我认识到研究法律，特别是研究公法的学者，不仅不能不研究政治，而且不能不研究经济。另外，我认为，这本书的研究方法（经济学研究方法）对公法研究、对行政法研究很有借鉴价值。

罗志田

罗志田，1952 年 9 月生，四川乐山人。四川大学文科杰出教授，曾任北京大学历史学系教授。主要研究领域为中国近代史。代表著作有《权势转移：近代中国的思想、社会与学术》等。

「治学感言」

个人研究主要侧重于近代中国，这是一个以多歧性为显著特点的时代，变化频仍而且剧烈。过去的研究也因此一向多见"变"的一面，而较忽视历史的延续性。只有在较全面深入地了解了"变"与"不变"的两面之后，才能更充分地认识近代中国。更广义地看，历史研究者的认识能力及其可据材料的双重有限使我们对历史的认知也相对有限；已逝的史实既然未必充分可知，则如果重建出的史实过于简洁清晰，反可能适得其反，恰与历史原状相违背。这似乎增添了历史的模糊感，然而历史的魅力或许正蕴含在其朦胧之中。既知此，史学研究必依柳诒徵所言，将"今情达古意"落在实证之上，才可能趋近于章太炎所说的"字字征实，不蹈空言；语语心得，不因成说"这一境界。

「影响人生的书单」

1.《论语》

2.《庄子》

陈平原

陈平原，1954年1月生，广东潮州人。北京大学中国语言文学系教授，中央文史研究馆馆员。主要研究中国现代文学、教育及学术。代表著作有《中国小说叙事模式的转变》《中国现代学术之建立》等。

「治学感言」

　　随着专业化思想的深入人心，治学者必须接受"系统训练"，这已经成为共识，而且正在迅速落实。我担心的是，"专业主义"一旦成为塑造我们思想行为的主要力量，会对各种可能出现的不合规矩的"奇思妙想"造成极大的压抑。越来越精细的学科分野、越来越严格的操作规则、越来越艰涩的学术语言，在推进具体的学术命题的同时，会逐渐剥离研究者与现实生活的血肉联系。对于人文学来说，这个代价并非微不足道。既投身"专业化"大潮，又对"正统派"之得失保持清醒的认识，我以为是必要的。

　　对于训练有素的学者来说，说出来的，属于公众；压在纸背的，更具个人色彩。后者"不着一字"，可决定整篇文章的境界，故称其"尽得风流"，一点也不为过。没必要借题发挥，也不是以史为鉴，在选题立意、洞察幽微中，自然而然地调动自家的生活经验，乃至情感与想象，如此"沉潜把玩"，方有可能出"大文章"。我以为，纯粹的技术操作并非理想的学术状态。尤其是谈论20世纪中国的社会、生活、思想、学术、文学、教育等。今人的长处，正在于其与那段刚刚逝去的历史有着千丝万缕的联系，故容易体贴入微。

「影响人生的书单」

1. 张岱：《陶庵梦忆》
2. 吴敬梓：《儒林外史》
3. 章学诚：《文史通义》
4. 章太炎：《国故论衡》
5. 鲁迅：《野草》

尹田

尹田，1954年2月生，四川宜宾人。北京大学法学院教授。主要研究领域为民商法。代表著作有《法国现代合同法》《法国物权法》《民法典总则之理论与立法研究》等。

治学感言

在所有的职业中，社会科学尤其是法学的学者其实是最难当的。这种学者的智商不能太低，否则苦死了也不会有什么出息，但太过聪明则往往机敏圆滑，把社会和人际看得太透，便心思浮躁，急功近利，修不成正果。于是，这种学者因为不太聪明而需要执着。

但执着的人常常偏窄，容易变得冥顽不化，以至于学问没做成，反留下一堆谁也不愿搭理的抱怨，即使学问做成了，有用没用尚待争议，人却迂腐而乖戾，走起路来要么望着天，要么盯着地，笑起来也像哭。于是，这种学者还需要有情商。但于人于社会真情投入太多，或者因为极度失望而死于抑郁症，或者因为过度激愤而患心脏病，学问自然也就做不成了。

聪明而不能太聪明，执着而不能太执着，理想而不能太理想，做法学学者真的有点难呢！

影响人生的书单

1. 卢梭：《社会契约论》

2. 卢梭：《论人类不平等的起源》

3. 尼·车尔尼雪夫斯基：《怎么办？》

平新乔

平新乔,1954年5月生,浙江绍兴人。北京大学经济学系教授。主要研究方向为微观经济学及其应用、产业组织、财政学。代表著作有《微观经济学十八讲》《财政原理与比较财政制度》等。

治学感言

书是阳光，是空气，是精神世界高度的基础。

现在做经济学研究是要精读专业学术期刊的论文的，学术上的激烈竞争已迫使我只关注 AER（美国经济评论）、JPE（政治经济学杂志）和 Econometrica（经济计量）上的少数论文，读大部头的书已经是一种奢侈了。但一旦做完一项研究，想休息一下时，我便会贪婪地读十来本想读的书。比如今年暑假，我就集中读了《分享经济时代》（贾维斯）、《分享经济的爆发》（萨丹拉彻）、《分享经济的华丽骗局》（T. Lee）、《透视动态企业》（钱德勒）、《看得见的手》（钱德勒）、《银行卡时代》（伊文斯等）、《看不见的引擎》（伊文斯等）、《平台经济学》（伊文斯）、《未来交易》（伯齐）、《数字货币时代》（凯列）、《创新、竞争与平台经济》（梯若尔）等十几本书。

对我来说，读书是学术生涯的起点，也是一生的归宿。年轻时读的《共产党宣言》《资本论》，是影响我一生的精神坐标原点。后来喜欢读鲁迅全集，酷爱毛泽东的一切文字，那是我 22 岁前读书的特色。后来读到顾准、于光远的书，才知道读马恩的书可以读到那样深的程度。于光远那本薄薄的《试论社会主义生产中的 c、v、m》，是在典型的计划经济年代（20 世纪 60 年代初）写的，可其思想力直穿那个时代，又超越那个时代，说明思想家的思考是可以不受任何时代限制的。

在一生的读书经历中，对我来说最为亲切的书还是北大人写的书。我18岁读冯友兰的《中国哲学史新编（上）》、黄枬森的《关于列宁的〈哲学笔记〉（上）》，那时（20世纪60年代）还是非正式出版物，白纸封面，1972年夏天我就着列宁的《哲学笔记》读过。北大哲学系老师们翻译的《西方哲学原著》（十七八世纪的欧洲哲学、18世纪法国哲学、德国古典哲学）是我受北大精神魅力长久影响的基础读物。王太庆主译的黑格尔《哲学史讲演录》，在多雪的冬天里给我点燃了暖暖的心火。1978年以后迷上了李泽厚的《批判哲学的批判》和《中国思想史》（古代、近代、现代三本）。到北大上研究生后，喜欢厉以宁老师的书，不但思想深刻、内容新，而且文字美。他在20世纪80年代的书我全部读过。后来又喜欢胡适的书、朱光潜的书、陈梦家的书……北大人文社科大学者的书，我读过几十家，很享受。读这些北大前贤写的书，会让我更爱北大，能与如此多的巨人生活在同一个校园里，乃是"百年修得同船渡"啊。

  读书不是专门的研究。做专业研究必须读论文。我是在1989年读完阿罗的《信息经济学》（论文集）之后，才对委托－代理理论产生研究兴趣的。但是，读书总是学术生涯的起点，是一个学者一生的重要部分，读什么样的书决定了一个人的精神追求和文化品位。不能想象，一个人不喜欢读书，会写出既精彩又美妙的文章；也不能想象，一个人不喜欢读书，能够温文尔雅地面对学生，吐出连篇妙语……读书时是绝不会想着跟别人说什么的,我读书最多的时候都是最倒霉的时候,也是最孤独的时候。现在回顾读书生活,反倒感到与书为伴的生活是最幸福的。读书的体验是个人心灵最私密的领地之一,是不会轻易与人分享的。我读书时是只凭喜欢,积累久了,终有一天,对书的感情会生出颜色来,绚烂、多彩,就像晚秋夕阳下未名湖湖心岛四周的树叶,层林尽染。

「影响人生的书单」

1. 马克思、恩格斯:《共产党宣言》
2. 马克思:《资本论》
3. 毛泽东的一切文字记录
4. 顾准:《顾准文集》
5. 茅于轼:《择优分配原理》
6. 厉以宁:《体制、目标、人:经济学面临的挑战》
7. 肯尼思·阿罗:《信息经济学》
8. 于光远:《试论社会主义生产中的 c、v、m》

潘懋

潘懋，1954年10月生，内蒙古兴和人。北京大学地球与空间科学学院教授。主要从事信息地质、石油地质等方面理论及应用研究工作。代表著作有《环境地质学》《灾害地质学》《城市信息化方法与实践》等。

治学感言

"读万卷书,行万里路"是一句老话,字面的意思很简单,但对于科学家,尤其是地质科学工作者来说,其寓意则要丰富且深刻得多。

第一,应该虚心借鉴前人的经验与教训,广泛吸纳前人的思想精华,才能够知晓什么是"旧",也才能够明白什么是"新";

第二,要有广博的知识、扎实的基础和娴熟的技能,唯其如此才能真正具备创新的"内功",以及明白如何去创新;

第三,应有无险不涉、无高不攀、坚韧不拔、百折不挠的乐于科学探索和勇于科学冒险的精神,这一点对于从事地质科学的人来说尤为重要;

第四,必须坚持脚踏实地、实事求是、实践出真知的科学态度。

总之,对大自然没有强烈而浓厚兴趣的人,没有持之以恒、坚韧不拔毅力的人,没有自甘"劳筋骨、饿体肤"思想准备的人,是做不到"读万卷书,行万里路"的,是没有希望登上科学巅峰的。

影响人生的书单

1. 路明等:《十万个为什么》,1961 年
2. 尼·奥斯特洛夫斯基:《钢铁是怎样炼成的》,1952 年
3. 徐弘祖:《徐霞客游记》,1933 年
4. C.B. 卡列斯尼克:《普通地理学原理》,1958 年
5. 刘东生等:《黄土与环境》,1985 年

阎步克

阎步克，1954 年 11 月生，辽宁沈阳人。北京大学历史学系教授。主要研究领域为魏晋南北朝史、古代政治制度史和政治文化史。代表著作有《士大夫政治演生史稿》《品位与职位：秦汉魏晋南北朝官阶制度研究》等。

「治学感言」

居然成了一名北大教师,生活充满偶然,时有不真实之感。我早年未曾受过严格训练,此后几十年的历史学习,有过许多乱摸乱撞,经常为各种飘忽不定的想法所左右。已完成的几种著作,都不怎么满意。只望它们能构成一种过渡性的工作,尚能为后人提供某些线索。无论如何,得以成为读书人,在燕园呼吸自由的空气,是一向最觉幸运的地方。

「影响人生的书单」

1. 安徒生:《安徒生童话》
2. 《十万个为什么》
3. 尼·奥斯特洛夫斯基:《钢铁是怎样炼成的》
4. 罗广斌、杨益言:《红岩》
5. 曹雪芹:《红楼梦》

何怀宏

何怀宏,1954 年 12 月生,江西清江人。北京大学哲学系教授。主要从事伦理学及人生哲学、社会与文明历史等领域的研究。代表著作有《良心论》《世袭社会》《选举社会》等。

「治学感言」

学术与学问。"学术"和"学问"这两个词很相近，但如果细究起来，还是有一点差别的。如果撰写一副对联，也许可以这么说：

学术是大家的，学术乃天下之公器，有规有界。

学问是个人的，学问乃自我之心得，无端无涯。

横批或可用"有学乃大"。

如果要进入一个公共的"学术界"，我想大概首先是要学"述"，也就是加一个走之旁，即首先要在你关心的题目上，知道前人已经积累的知识，叙述、梳理和思考别人已经达到的成果，这就是"述"的工作。

那么"学问"呢？一个人要有学问，一定先要心中有某种疑问，即要通过"问"才能真正变成自己的。"问"有两层含义：一种是知识性的问，一个人有很多事情不知道，需要虚心地问。"子入太庙，每事问"就是这种问，这是基本的。还有一种问是带有思想性的问，甚或哲学的问，比如苏格拉底的问，这种"问"可以变成一种思想和真理的助产术。

「影响人生的书单」

1. 胡适：《胡适留学日记》。我最早读《胡适留学日记》，还是二十多年前在哈佛访学的时候，读的是民国期间名为《藏晖室札记》的版本，同样置身于异国学术环境，读来别有一番滋味。胡适是勤勉细心的人，而且认为通过记录和写作能够很好地整理自己的思想。故而他的日记越写越长，不仅有读书的札记，也有文章的雏形。读了这些日记，就不难理解胡适在新文化运动中所谓"暴得大名"虽有机遇的因素，更有他自身的勉力思考和悉心准备。如果要了解一个人文学者是怎样在海外成长的，大概没有比这更好的书。同样属于这类"成长"书的，还有如贺麟在哈佛的日记和季羡林在清华园的日记。

2. 巴尔赞：《从黎明到衰落——西方文化生活五百年，1500年至今》。要了解西方社会文化近代以来的历史，这是很好的一本书，作者巴尔赞是一位大师级的文化历史学家。在这本书中，巴尔赞以四场"真正的革命"为标志来对这五百年进行划分：宗教革命、君主制革命、自由革命和社会革命，而他最后得出的结论是，这五百年西方文化经历了一个从兴盛到衰落的过程。虽然有科技的无比扩展和进步，但其内部作为灵魂的文化衰落的趋势却从隐藏变得显见。

朱苏力

朱苏力,1955年4月生,江苏东台人。北京大学法学院教授。主要研究领域为法学理论、法律和社会科学。代表著作有《制度是如何形成的》《大国宪制》等。

治学感言

当学者并不完全是主观的选择，许多时候也是命运偶然的安排，甚至个人性格也有很大的影响。从社会的角度看，学者大可不必把自己的行当看得特别重要，只要自己能干好，喜欢，就行。

但在这一行当内，则应当把自己做的每件事都看得很重要，努力学习和创新，坚持自己的发现，不随波逐流，不考虑主流、非主流，只对自己的发现、论证、材料、论证逻辑负责，在对方没有说服自己之前要"顽固不化"；同时又要开放，对所有的知识开放，随时准备修正自己，前提是对方说的有道理并且真正说服了自己。

不试图做真理的代言人，哪怕自己的工作在历史上留下错误的印迹，也会给其他人或后人留下一个此路不通的标记。不怕错是学术研究的前提。

影响人生的书单

这是最说不清楚的事，并且我的书单很令自己惭愧。

1. 小学《语文》，一年级第一册，记不清出版社和出版年月了。这肯定是对我影响最大的一本书，从这里开始，才有了后来的这种生活。
2. 《毛泽东选集》（合订本），人民出版社，1968

年。这是我当兵时部队发给我的第一本书，当时我只有 15 岁，从这里我才开始了解近现代中国的一些问题，开始理解社会现实之间的因果关系，这影响了我今天的职业和研究。

3. 李瑛：《红柳集》，作家出版社，1962 年。李瑛是一位新中国成立前后北大中文系毕业的军旅诗人。我在军中服役期间，这本书以及他的其他一些诗集伴随着我，培养了我对生活的观察和感受力、文字风格和写作风格，这种影响一直持续到今天。

4. 《科学是什么》。这大约是商务印书馆 1982 年翻译出版的一位澳大利亚作者的有关科学哲学的著作。我在北大本科毕业前后购买了此书，不但让我第一次了解了科学的一些基本特点，而且影响了我对法学的研究，开始从人文转向社会科学，从想象转向实证。

5. 波斯纳：《法理学问题》，英文版，哈佛大学出版社，1990 年。1993 年我翻译了这本书，让我从当代社会科学的角度细致理解了法律的一些基本问题，对我的学术研究有重大影响。

欧阳颀

欧阳颀，1955年7月生，安徽天长人。北京大学物理学院教授，中国科学院院士。主要研究方向包括生物调控网络的动力学研究、生物调控网络功能与稳定性对网络结构的限制、生物调控网络功能的热力学限制等。代表著作有《非线性科学与斑图动力学导论》等。

治学感言

对大自然保持一颗童心,跟着兴趣走,"一路看天不低头"。

建立广泛兴趣,但知道适可而止。学习五柳先生:"好读书,不求甚解。"

坚信伽利略的论断:"自然的书是用数学语言写成的。"在专业研究中坚持用定量方法考察任何问题,力戒似是而非的论断。

"学而时习之,不亦乐乎。"教学过程也是自我学习的过程,乐在其中。

影响人生的书单

1. 王小波:《沉默的大多数》
2. G. Nicolis and I. Prigogine: *Self-Organization in Nonequilibrium Systems*
3. Per Bak: *How Nature Works*
4. John Horgen: *The End of Science*
5. Steven Weinberg: *Dreams of a Final Theory*

高毅

高毅，1955年7月生，安徽六安人。北京大学历史学系教授。主要研究领域为法国史、欧美近代史、史学理论。代表著作有《法兰西风格：大革命的政治文化》《"旧制度与大革命"解说》等。

治学感言

教书旨在育人，育人旨在厚其德而精其学，这个道理教师都懂。同时大家也都懂得，要教好书，教书者必须首先自行厚德精学。这方面个人的一点感悟是：厚德重在崇平等，即要远离社会达尔文；精学贵在尚自由，即须坚持思想独立、学术自治。

作为大学教师，肩负教学与科研双重使命，但比较起来，上好课应该比多出科研成果更重要。当然既能上好课又能多出成果是最好的，只是这样的大才不多。另外，在出成果方面，似乎应该重精不重多。常记起先辈田余庆先生的一句话："文章写好后应放到抽屉里，一年后再考虑发表。"这句话绝对不合时风，但又绝对是经验之谈。

无疑，治学的佳境是创新，所以治学者必须敢于标新立异。只是成功的标新立异很难，须先闷头苦修。

最后还有一点感受是：学历史好，而盯着现实学历史，能更感其妙。青灯黄卷，皓首穷经，看似清苦，但惯看秋月春风、通晓天下大势，是值得追求的人生体验。

影响人生的书单

1. 威尔斯：《世界史纲》。其中提出的"世界性联盟"的理想，是一种值得所有仁人志士毕生寻求的"乌托邦"。
2. 马克思：《路易·波拿巴的雾月十八日》。其中对于"拿破仑传说"之类非理性因素的历史作用的强调,展示了历史唯物主义理论的一个常常被忽略的重要层面。

3. 张芝联:《从高卢到戴高乐》。这本书能把我们引向"法国历史"这个西方文明的心脏地带,还能让我们从中法文化交流中感受到东西方文明互动的"高峰体验"。

4. 罗素:《西方哲学史》。探察西方文明精髓的一条幽径,一路风光迷人。

5. 金庸:《笑傲江湖》。"千古文人侠客梦",记得陈平原有金庸把武侠"写绝了"的感叹,而这本书之所以能令我感怀,主要是令狐冲追求个性解放的"真性情"。

叶自成

叶自成，1956 年 4 月生，四川荣县人。北京大学国际关系学院教授。主要研究领域为中国外交、政治学。代表著作有《中国大战略》《华夏主义》《以百姓心为心：老子政治哲学》等。

治学感言

做学问好比爬山，没有爬的时候感受不到爬山的快乐，只会觉得爬山单调、枯燥，又苦又累，弯弯曲曲的山路没有尽头。只有等你慢慢开始往上爬并且能够年复一年地不懈坚持下来，你才会感受到爬山给你带来的快乐与享受。

每读一本书，就好比在通往真理的高峰之路上又迈上了一个台阶。每读一本书，你在思想探索的路上又向前迈进了一小步，比过去又高了一点点，再读一本，又高了一个台阶。虽然它不会给你带来那种做大事业的轰轰烈烈，但它却是踏踏实实的、与日累进的、不断向上的。在书山之路上，你会享受到曲径通幽的美妙，也能体会到峰回路转时思想豁然开朗的内心喜悦……

影响人生的书单

1.《老子》

2. 司马迁：《史记》

3. 左丘明：《春秋左传》

4. 汉默顿：《思想的盛宴》

5. 汤因比：《历史研究》

李立明

李立明,1956年5月生,上海人。北京大学公共卫生学院教授。长期从事大型人群队列研究、慢性病病因研究和老年保健流行病学研究。代表著作有《中国公共卫生理论与实践》《流行病学》《老年保健流行病学》等。

「治学感言」

我教书育人的体会与感悟有六：

1. 传道。传做人之道：认认真真读书，清清白白做人（人无完人）；传做事之道：天下兴亡，匹夫有责（社会责任、历史使命）；传做学问之道：知其然，更应知其所以然（求甚解）。
2. 授业。授之以渔而非鱼（思维、学习方法）：流行病学是应用学科、方法学科、思维学科和循证学科；授之以理而非里（历史沿革、原理）：流行病学方法、手段是应运而生的；授之以势而非事（发展趋势、走向）：老龄化、生活质量、生态环境、食品药品安全、循证医学与决策。
3. 解惑。实事求是（知之为知之，不知为不知，是知也）；国际视野（兼容并蓄、见多识广）；立足国情（实事求是、任重道远）；自知之明（行得行之事，自得其乐；仰望星空，脚踏大地）。
4. 欲为人师必先拜人为师。拜老教师为师：学做人做事；拜同龄人为师：学取长补短；拜年轻人为师：学时代潮流。
5. 欲想予之必先取之。欲献一瓢，先取一缸；欲讲一例，先读一役；科研支撑，实践保障。
6. 对学生：以诚相待、以礼相待、以情善待。

「影响人生的书单」

1. 《论语》
2. 司马光:《资治通鉴》
3. 曹雪芹:《红楼梦》
4. 罗贯中:《三国演义》
5. 尼·奥斯特洛夫斯基:《钢铁是怎样炼成的》
6. 尼·车尔尼雪夫斯基:《怎么办?》

田光善

田光善，1956 年 6 月生，河北唐山人。北京大学物理学院教授。长期从事强关联电子体系性质的研究。代表论文有 Stability of the Nagaoka State in the One-Band Hubbard Model, Lieb's Spin-Reflection-Positivity Method and its Applications to Strongly Correlated Electron Systems 等。

治学感言

人是生而具有对于自己周围环境的好奇心的，正是它推动着我们去探索自然的奥秘。在少年时代读过的两本书，更让我陷入了趋向宇宙极限的白日梦。尽管长大成人后，这种儿时的梦想并没有完全实现，但我仍然要庆幸自己的好运，让我得以从事探求大自然秘密的职业。至少，现在我觉得离我儿时的偶像人物——大侦探福尔摩斯相去不远：正直、身体强壮、头脑冷静而富有推理能力，最后也是最重要的，随时渴望具有挑战性的事物出现。当然，由于所从事的工作性质不大一样，为了揭示事物的真相，他擅长化学，而我略懂数学。谈到数学，少儿时代我对之很着迷，一度认为数学游戏是在飞往冥王星路上很好的消遣。朗道和栗弗席兹的书使我认识到，将物理的直观和"有用的数学"相结合，会让自然运动的规律看起来多么简单和明了。

总之，我觉得能够接近实现自己儿时的梦想是一种幸运，尽管大部分的成年人都会认为自己童年时的幻想是不可救药的幼稚和愚蠢，并且希望自己的子女生下来就世事精明。我想告诉年轻人的是，追求儿时的"幼稚和愚蠢"的梦并不是那样糟糕的一件事情。至少在上了年纪之后，你可以对自己讲：我曾经生活过。我的研究生导师 E. H. Lieb 博士曾经讲过一句话，请允许我把它翻译过来作为我的结束语："从事科学研究是一种生活方式，而不仅仅是一种生存之道。"

「影响人生的书单」

1. 儒勒·凡尔纳:《海底两万里》,中国青年出版社,1961 年
2. 齐奥尔科夫斯基:《在地球之外》,科学普及出版社,1964 年
3. 柯南道尔:《福尔摩斯探案集:血字的研究》(已经无法在我的藏书中找到了)
4. 柯尔詹姆斯基:《趣味数学》,少年儿童出版社,1964 年
5. 朗道、栗弗席兹:《场论》,人民教育出版社,1959 年

陈保亚

陈保亚,1956年7月生,四川德阳人。北京大学中国语言文学系教授。主要研究领域为语言学。代表著作有《论语言接触与语言联盟》《20世纪中国语言学方法论研究》等。

治学感言

终极追问是生命存在的一种方式,原创回答是体验喜悦的一种最高境界。幼儿提问最多的是"为什么",这些提问常常因为父母不耐烦的态度而终止。成人的终极追问常常因为虚荣、利益、权势和金钱的入侵而终止。保持纯真的终极追问,需要有独立的人格。学术可以有用有利,但不必有用有利,贵在追问和原创。

影响人生的书单

1. 海德格尔:《存在与时间》,陈嘉映译,生活·读书·新知三联书店,1987 年。这本书提出了一种思想:语言是存在的家园。
2. 康德:《纯粹理性批判》,邓晓芒译,杨祖陶校,人民出版社,2004 年。这本书讨论了人类认识能力的范围和局限。
3. 索绪尔:《普通语言学教程》,高名凯译,商务印书馆,1980 年。这本书讨论了语言符号系统的根本性质。
4. 维特根斯坦:《哲学研究》,陈嘉映译,上海人民出版社,2001 年。作者提出了一种思想:意义即用法。
5. 沃尔夫:《论语言、思维和现实》,高一虹等译,湖南教育出版社,2001 年。作者认为语言深刻影响了我们的思维和观察问题的角度。

郑晓瑛

郑晓瑛,1956年8月生,河北昌黎人。北京大学人口研究所教授,发展中国家科学院院士。主要研究方向为人口全生命历程增龄健康交叉学科研究。代表著作有《中国残疾预防对策研究》等。

「治学感言」

人口科学是涉及生物属性和社会属性的交叉学科，人口生命增龄过程的数量和质量都影响着全人类的发展。中国人口科学要立足我国国情来研究大国人口问题，要尊重学科特点来研究人口发展规律，要借鉴交叉学科来创新理论和分析方法。

这门学科要始终秉承实事求是、求真务实的治学精神，既需要博学前人的工作，也不能盲从照搬观点和理论，要在"博学"和"明辨"的过程中，根据人口变化中的真实态势创新研究，以解决现实问题。

「影响人生的书单」

1. 尼·奥斯特洛夫斯基：《钢铁是怎样炼成的》
2. 艾芙·居里：《居里夫人传》
3. 毛泽东：《矛盾论》
4. B. A. Wood：《人类进化》
5. 孙兢新总主编："跨世纪的中国人口"系列丛书

叶闯

叶闯,1956年8月生,安徽芜湖人。北京大学哲学系教授。主要研究领域为分析哲学,特别是语言哲学和形而上学。代表著作有《理解的条件——戴维森的解释理论》《语言·意义·指称——自主的意义与实在》等。

「治学感言」

少数抽象理论的研究者要更书呆子气一些,他们与那些更向往职业成功的研究者的区别,可以类比于棋痴类棋手与单纯向往比赛夺冠的高段棋手的区别。

前者的焦虑和喜悦仅仅来自对棋艺本身的痴迷,后者同样的感受来自忍耐下棋的痛苦和无聊后所引出的结果。简单地说,前者由境界来定义,后者由成功来定义。尽管两类棋手(或研究者)各有值得赞赏的品质,但应该用不同的标尺来度量。

用错了标尺,就像用财富来评判德行一样,将是完全不得要领的。当前一类棋手在职业化的场景中成为师父时,由于唯一在乎的是把棋下好,他将自然地倾向于如此行事(尽管由于人性本身的弱点,他有时会偏离这种自然倾向):

A. 他诚心地希望,当自己确实下了一步臭棋时,包括自己徒弟在内的其他棋手能当面指出来。因为对纯粹的棋艺来说,"对的"和"强的"才是师父。当徒弟想找一个新师父时,他的典型建议是:找一个棋力高的,而不只是名气大的。

B. 当徒弟总是问解释性问题时,比如为什么 A 大师的这一步要这么下,他衷心地希望学生更多地转向指出大师们的具体步骤,甚至整个布局存在的问题。学生能创造新布局,被其视为作为师父的极致追求。

C. 当徒弟以他不赞同的方式对待棋艺时,比如不用功于棋艺,他首选的步骤是更努力地做他希望徒弟们做的。在一个徒弟进入现在这所棋院之前,通常已经在家里、在其他棋院听到无数次唠叨,"要努力学棋"。理性的师父自然怀疑再唠叨几句是否会产生奇迹。此时,他转而求助于示范,其信心通常基于如下事实:过去唠叨的那些人许多都是不下棋的,至少可能不是像他这样下棋的。都说教棋(书)育人,棋(书)大抵是可以教的,但育人却首在"育"自己。

「影响人生的书单」

下面几本书,准确地说,并不是决定性地影响我人生的书,而只是自己真心喜欢的书。在读这些书之前,我不可救药地大体就是现在这个样子了。

1. 笛卡儿:《形而上学的沉思》
2. Rudolf Carnap: *Meaning and Necessity*
3. Simon Singh: *Fermat's Last Theorem*(《费马大定理》)
4. 余华:《活着》
5. 金庸:《天龙八部》

孙祁祥

孙祁祥，1956年9月生，湖南长沙人。北京大学经济学院教授。主要研究领域为经济发展战略、风险管理与保险。代表著作有《模式转换时期的收入流程分析》《保险、社会保障与经济改革》等。

治学感言

做学问要有对学术研究的挚爱之情、敬畏之心、求索之欲、坚韧之志、质疑之能、超越之愿。

真正的学者要秉持尊重科学、尊重事实的精神,坐得住,沉得下;进得去,出得来。学术研究没有捷径可走,我们应当"仰望天空",但更需要"脚踏实地",认真做好手头的每一件工作。"积跬步"才能"至千里"。

《易经》曰:"君子学以聚之,问以辩之。"学习、学问、学术:博、专互促;问、学相长。学无止境,学海无涯:从书本学,从社会学;向同行学,向学生学。

能选择心之所属并坚守,不仅仅是个人的兴趣爱好,更是为一种经世济民的情怀所驱动。当你看到你的研究对国家和社会有所裨益的时候,你就能体会到人生的价值所在。

影响人生的书单

1. 马克思:《资本论》
2. 卢梭:《论人类不平等的起源》
3. 艾思奇:《辩证唯物主义纲要》
4. 费孝通:《乡土中国》
5. 尼·奥斯特洛夫斯基:《钢铁是怎样炼成的》

韩加明

韩加明,1956 年 12 月生,山东济南人。北京大学外国语学院教授。主要研究领域为 18 世纪英国文学和英国小说。代表著作有《菲尔丁研究》。

「治学感言」

人能走自己设计的理想道路当然好，但是很多情况下的选择是不由自主的，要随遇而安，调整适应，并争取做出成绩。在确定了自己的专业方向之后就应该全力以赴，刻苦学习；学习的动力不应该是物质利益，而是知识追求和人格培养。学术成长永无止境，读的书越多越觉得知识欠缺。我学习研究18世纪英国文学已经三十多年，在北大教书也有二十余年了，但总是觉得对这个时期的英国文学还是了解得太少，对于当时的社会历史和当代的研究成果掌握得不够，希望能不断丰富自己的知识，给予学生更多的帮助。

「影响人生的书单」

如果要说对自己影响最大的五本书，可以列出：

1. 《红岩》是小时候看的第一部长篇小说，姑姑买了这部小说，是那时家里仅有的一部小说。
2. 《毛泽东选集》曾通读四卷并写了不少读书笔记，对于中国革命史的了解主要依赖这套书。
3. 《雷锋的故事》是1973年在高中时纪念毛主席发表"向雷锋同志学习"号召十周年时读的。
4. 《红楼梦》是从一个叔叔那里借来读的，后来出国时买了一套带着，在国外经常看。
5. 《鲁滨孙漂流记》是上大学时读的第一本英文原版小说，对于小说描写的主人公不怕困难的奋斗精神印象很深，后来则对小说涉及的道德、宗教、文化和殖民等问题有了新的认识。

陈兴良

陈兴良,1957年3月生,浙江义乌人。北京大学法学院教授。主要研究领域为刑法哲学与刑法教义学。代表著作有《刑法哲学》《教义刑法学》等。

治学感言

治学之道在于承接前说的基础上创立新说，因此，创新是学术的最高境界，没有创新则无所谓学术上的成功。创新意味着一个学者对其所在领域的独特的学术贡献，意味着一个学者的学术个性的形成。同时，创新永远是学者追求的目标。为达到这一目标，学者必须有坚韧与勤勉的美德。坚韧是指在追求学术创新的过程中，尽管有迷茫、有挫折，但不轻言放弃、贵在坚持；勤勉是指在追求学术创新过程中，不能偷懒，不能取巧，而要有付出，要有拼搏。我认为，学者做学问，与农民种地、工人做工并没有什么两样，只要努力做，一分耕耘就会有一分收获，这也就是"种瓜得瓜，种豆得豆"这样一个简单的道理。

影响人生的书单

1. 康德：《法的形而上学原理：权利的科学》
2. 黑格尔：《法哲学原理》
3. 马克思：《1844年经济学哲学手稿》
4. 贝卡利亚：《论犯罪与刑罚》
5. А.Н.特拉伊宁：《犯罪构成的一般学说》

王子舟

王子舟,1957年4月生,河北滦南人。北京大学信息管理系教授。主要研究领域为图书馆学。代表著作有《图书馆学是什么》《乡村民间图书馆田野调查笔记》等。

【治学感言】

崇尚独立之精神、自由之思想；怀绝望之心，行希望之路。清代学者陈澧说过："欲知人之性情，则后世之人不如同时之人；欲知人之学术，则同时之人反不如后世之人。盖人之学术见于所著之书，而著书必俟老而后成，或至死而后出，同时之人乌能尽知之哉？故并世难得知己，转欲望之后世也。后世必有知己，不必望也，但不知其姓名耳。"

【影响人生的书单】

1. 高亨注：《诗经》，上海古籍出版社，1980 年
2. 尼·车尔尼雪夫斯基：《怎么办？》，人民文学出版社，1953 年
3. 毛姆：《人性的枷锁》，湖南人民出版社，1983 年
4. 罗素：《西方哲学史》，商务印书馆，1963 年
5. 陈寅恪：《寒柳堂集》，上海古籍出版社，1980 年
6. 托马斯·库恩：《科学革命的结构》，李宝恒、纪树立译，上海科学技术出版社，1980 年
7. 永瑢等：《四库全书总目》，影印浙本，中华书局，1965 年
8. 梁启超：《饮冰室合集》，商务印书馆，1989 年

李晓明

李晓明，1957年5月生，湖北荆州人。北京大学信息科学技术学院教授。主要从事互联网信息搜索技术研究和计算与社会科学交叉的教学和研究工作。代表著作有《搜索引擎——原理、技术与系统》、译著《网络、群体与市场》等。

「治学感言」

在一个人的大学教书和研究经历中，会不时有一些令人高兴的事情发生，如得到一笔科研经费、发表一篇文章、评上一个奖项等。

除此以外，还有一种特别令人兴奋的，就是听到某个学生产生了某个奇妙的构思，或者做了一件出乎我意料的漂亮工作，要么是从前我根本没想到的，要么虽然是我安排的，但结果比预想的还要好。在过去的几年里，我们网络实验室不乏这样的例子：张志刚的"网页元素提炼"、陈华的"对等网络资源共享"、张进宇的"分布式网络存储"、谢欣的"天网千帆"、田敬的"信息增量备份"、许丞的"天网问答"、袁骏的"移动管理"、汪浩的"网络拥塞算法评价"、阎宏飞的"燕储"、谢正茂的"一天搜集 5000 万网页"等，难以一一列数。这些成果的出现，大都不是预先具体安排的结果，但都在我们研究领域的大方向上，同时又是各不相同、争奇斗艳的。在我们的周围营造出这样一种环境和氛围，在其孕育之中，不断有令人惊喜的东西冒出来，不能不说是一大快事。

「影响人生的书单」

1. 季羡林：《牛棚杂忆》

2. 德·安·沃尔科戈诺夫：《斯大林》

3. 比尔·盖茨：《未来之路》

4. 郭士纳：《谁说大象不能跳舞》

周力平

周力平，1957年8月生，湖南长沙人。北京大学城市与环境学院、海洋研究院教授。主要从事地球环境演变、深海环流和考古年代学等研究。代表论文有 Misleading Positions of Geomagnetic Reversal Boundaries in Eurasian Loess and Implications for Correlation between Continental and Marine Sedimentary Sequences 等。

「治学感言」

学生是我们的未来，也是我们事业希望之所在。我们要舍得花精力和时间培养学生，为他们创造良好的学术环境。

古人言："室雅何须大，花香不在多。"也许这话现在既无"时代感"又缺乏"气魄"，但是细想一下，其"质"比"量"更重要的寓意今天对我们仍不无启迪。一分耕耘，一分收获。搞研究要淡泊名利，要执着；不要相信运气，不要赶时髦。

当代科学研究中，个人创造力的充分发挥和科学上的重大突破都比以往更加依赖于交流与合作。但是，一个真正具有创造性的人不应该介意自己的观点与众不同，人际关系网是阻碍科学发展、消耗科研工作者精力的一大杀手。

「影响人生的书单」

1. 刘东生等：《黄土与环境》，1985 年
2. A. G. Cairns-Smith：*Seven Clues to the Origin of Life*, 1985
3. S. J. Gould：*Wonderful Life*, 1990
4. W. S. Broecker：*The Glacial World According to Wally*, 1995
5. S. Jones：*Almost Like a Whale: The "Origin of Species" Updated*, 2000

赵新生

赵新生，1957年8月生，安徽祁门人。北京大学化学与分子工程学院教授。主要研究领域为化学动力学，目前从事以单分子探测研究生物分子反应的工作。代表著作有《化学反应理论导论》《中级物理化学》等。

治学感言

科学所寻求的是真,它崇尚探索和创新。此外,科学同样要贯彻人文精神。没有人文精神在科学中的贯彻,中国的科学跻身世界先进行列只能是一句空话。我敬佩那些在几千年延绵不断的人类文明中陶冶出来的伟人。他们的伟大不仅在于他们所成就的事业,还在于他们所散发出来的人文精神的光辉,让后人感动的更在于后者。

影响人生的书单

对我影响最大的书,很难总结。以下是在20岁之前的思想成长阶段,对我影响最大的一些人物(以时间为序):

国内:诸葛亮、鲁迅、毛泽东、周恩来;

国外:斯巴达克斯、马克思、恩格斯、列宁。

申丹

申丹,1958年4月生,湖南长沙人。北京大学外国语学院教授。主要研究领域为叙事学和文体学。代表著作有《叙述学与小说文体学研究》、*Style and Rhetoric of Short Narrative Fiction: Covert Progressions Behind Overt Plots*、《双重叙事进程研究》等。

「治学感言」

　　推动我前进的主要有两个情结：一个是中国情结，一个是北大情结。我父亲是20世纪50年代初从美国归来的留学生。从我懂事的时候起，父亲就常给我讲中国人当年在海外如何受歧视，要我们将来努力为国争光。搞我们这一行的中国人很难得到西方学界的承认，资料也缺乏，研究过程有时非常艰难，若不是心中深藏的中国情结，恐怕我早就放弃在国际前沿领域的研究了。

　　就我的北大情结来说，也许由于我中学学俄语、17岁才学英文字母表的特殊背景，我对母校北大有很深的感情。在北大工作以来，又受到了来自方方面面的关爱，这进一步加深了我的北大情结。北大是我的精神家园，我想以自己辛勤的劳动报答母校的培养之恩，为母校和祖国的发展尽职尽力。

「影响人生的书单」

1. 罗广斌、杨益言：《红岩》。小时候读的第一本长篇小说。
2. Charlotte Brontë：*Jane Eyre*。大学时读的第一本英文原著。
3. Geoffrey Leech and Michael Short：*Style in Fiction*。文体学入门书。
4. Shlomith Rimmon-Kenan：*Narrative Fiction: Contemporary Poetics*。叙事学入门书。
5. Terry Eagleton：*Literary Theory: An Introduction*。文学理论入门书。

王一川

王一川，1959年2月生，四川乐山人。北京师范大学文学院教授，曾任北京大学艺术学院教授。主要研究方向为美学、艺术理论、影视批评。主要著作有《修辞论美学》《艺术公赏力》等。

「治学感言」

从我个人进大学以来至今四十余年的经历看,凡治美学及艺术理论领域,一般需要至少四种东西:一是纯真的人生体验,葆有纯朴之心,诚以待人,悉心沉入生活世界和艺术世界去体验人生意义;二是近乎神圣的思辨热情,从万千"不纯"现象中"提纯"出深层蕴藉,对艺术品及其中凝聚的人生意义做出自己的理解;三是有着提出和解决当代审美与艺术问题的冲动和在文本分析中落实的坚持,以学术眼光探究当下现实问题的文本反思之道;四是注意将以上问题置于宽厚的当代社会文化问题思考框架中,相信所有的个人或个性问题都有其深广的社会文化缘由。

「影响人生的书单」

1. 《庄子》
2. 《论语》
3. 宗白华:《美学散步》
4. 海德格尔:《存在与时间》
5. 赫尔曼·黑塞:《纳尔齐斯与歌尔德蒙》
6. 歌德:《浮士德》
7. 杰姆逊:《后现代主义与文化理论》
8. 黄仁宇:《万历十五年》
9. 李长之:《司马迁之人格与风格》

杨震

杨震，1959 年 8 月生，辽宁沈阳人。北京大学深圳研究生院化学生物学与生物技术学院教授。主要从事复杂天然产物的全合成及抗病毒和抗肿瘤药物的研究。代表论文有 The Journey of Schinortriterpenoid Total Syntheses, Navigating the Pauson–Khand Reaction in Total Syntheses of Complex Natural Products 等。

「治学感言」

有机合成作为一种美好的艺术,为我们提供了探索自然的美和展现人类的智力、创造力和毅力的机会。它的美体现在三个方面:合成策略、目标分子和合成方法。具有迷人结构的目标分子总会激发有机合成化学家的创造灵感。然而,在这样一个斑斓璀璨的神奇世界中探索宝藏,学生们需要热情和智慧。为了培养出有竞争力的学生,需要鼓励他们独立思考,用他们的激情和创造力来设计自己的目标分子。我们的目的就是帮助学生掌握有机化学的渊博知识,让学生获得足够的能力进入有机化学王国。

「影响人生的书单」

1. 施耐庵:《水浒传》
2. 罗贯中:《三国演义》
3. 曹雪芹:《红楼梦》
4. 杨沫:《青春之歌》
5. 尼·奥斯特洛夫斯基:《钢铁是怎样炼成的》

这些书对我青少年时期的人生观、价值观产生了很大的影响,为个人的成长、发展提供了丰富的精神食粮。

杨荣祥

杨荣祥,1959年10月生,湖南长沙人。北京大学中国语言文学系教授。主要研究领域为汉语史。代表著作有《近代汉语副词研究》等。

「治学感言」

能够在一流大学从事教学和学术研究是很幸运的。大学教师的学术研究可以分几个层次：

第一个层次是提高教学水平和指导研究生的能力。只有自己投入精力从事研究，才能更好地向学生传授新知，才能指导学生从事研究。第二个层次是对真知、真理的探索。需要勇于挑战难题，不人云亦云，更不能追求产量和短期效应。第三个层次是学术创新。要在自己的研究领域提出新的研究方法和理论，对人类文明进程做出学术上的贡献。

对学术要有敬畏之心，不诋毁他人，更不能诋毁前辈学者；不轻易为文，不追名逐利。人文学科的学者要努力做到至少有一本著作、几篇文章能够让同行认为你是一个学者。

「影响人生的书单」

1. 《论语》：大一点讲，《论语》是一部影响中国历史和文化两千多年的著作；小一点讲，《论语》讲了许多做人的道理和准则，放在今天仍然适用。而且，作为大学老师，《论语》对我们的教师职业具有指导作用。
2. 《西游记》：孙悟空敢作敢当，不畏艰险，积极乐观，其人生态度值得世人学习。

3. 《中国通史》：选一部有影响的《中国通史》读，我早年读的是范文澜的《中国通史》。每个人都应该对祖国和本民族的历史有一个全局性的了解。
4. 《说文解字》：告诉我们汉字的无穷奥秘。
5. 《离骚》：屈原的代表作。艺术形式上，文字优美，气势恢宏；内容上，表现了屈原忠诚爱国、刚正不阿、嫉恶扬善、宁死不屈的人格和上下求索、不折不挠的抗争精神。

王忆平

王忆平，1959年12月生，山东广饶人。北京大学生命科学学院教授。长期从事生物固氮合成生物学、微生物氮代谢的系统生物学、病原菌耐药机理方面的研究。代表论文有 Polyprotein Strategy for Stoichiometric Assembly of Nitrogen Fixation Components for Synthetic Biology 等。

「治学感言」

从历年来的治学中，我感受到我们的教学方法还是容易对我们的学生在思维方法上形成一种束缚，培养出来的往往是"知识分子""工程师"，而不是科学家。如何冲破以上束缚，一直是萦绕在我脑海中的一个问题。

科学家做研究、发现科学问题往往不完全依赖于课本上的知识或者已经发表的论文（相反这些知识往往束缚科学问题的发现），而更多地依赖于实验过程中的联想和直觉。要学会灵活运用知识，批判性地进行研究。在这一点上，我的学生感触很深。我们实验室有创新性的研究工作都是通过实践、认识、再实践、再认识取得的。只"实践"（做实验）不会"认识"（对实验结果的分析与消化）不行，"认识"后还要再实践、再认识，要避免"想当然"，只有这样我们的科学研究才能够像一棵常青树一样枝繁叶茂。

「影响人生的书单」

任何一本书我一般都是从后面往前看，学术论文我喜欢先看它的讨论部分，我认为这样有助于提高想象力和认识能力。这种习惯的养成也许与我从事的研究工作有一定的相关性。我们做生物学研究的，都是先看到生命现象，然后再研究它产生的机理。

丁宁

丁宁,1960年4月生,浙江宁波人。北京大学艺术学院教授。主要研究领域为艺术史论。代表著作有《美术心理学》《绵延之维——走向艺术史哲学》《西方美术史》等。

「治学感言」

对于研究，须有宽广的视野和扎实的理论底子，越是进行得十分投入时，越要避免主观臆测或任意发挥。虚怀若谷，吐故纳新，尽可能保持读书和实地考察（包括重要遗址、博物馆、美术馆）的习惯，既亲验艺术本身，又时时获取前沿学术信息与恰如其分的问题感。善于识小，以小见大，应该是做学问的一种境界。在表达方面，既要深入浅出，又不失细致入微，多读点古文，不无裨益。不过，无论是对中文还是外文，下再大的功夫也从来不会是多余的。

「影响人生的书单」

1. 《周易》
2. 荷马：《荷马史诗》
3. 莎士比亚：《莎士比亚全集》
4. 马克思：《1844年经济学哲学手稿》
5. 哈罗德·布鲁姆：《影响的焦虑》
6. 伯纳德·贝伦森：《文艺复兴时期的意大利画家》

许进超

许进超，1961年6月生，湖南汨罗人。美国宾州州立大学教授，曾任北京大学数学科学学院教授。主要研究领域为科学计算与机器学习的数值方法的设计、分析和应用，特别是求解偏微分方程的快速算法。代表论文有 Optimal Approximation Rates and Metric Entropy of ReLUk and Cosine Networks，Nodal Auxiliary Space Preconditioning in H (curl) and H (div) Spaces 等。

「治学感言」

治学方法因人而异，每个人都需要不断摸索总结，才能找到一条适合自己的道路。

做科研，选择合适的研究方向是我们学术生涯里非常关键的一环。从小就可以在某一方面展现出特别天赋与浓厚兴趣，同时客观条件也允许他们朝自己的兴趣和天赋发展的幸运儿，在生活中毕竟不多。每个人都希望从事适合自己的领域，而如何结合自身特点选择合适的大方向，就成了大家关心的问题。

我想讨论的一个问题是：不少人（包括我自己）因为某些现实原因从事自己知之甚少或者一开始不太喜欢的专业，该怎么办？我的体会是，一旦方向确定了，而且一时没有条件找到更适合自己的方向，不妨停止自我怀疑，开始"埋头拉车"——努力地汲取新的知识，早日让自己的专业水平更上一层楼。

我是1977年参加高考的，当时的高考志愿需要在考试之前填写，总共可以填三个。我从小的梦想就是当一名工程师，所以前两个志愿填的都是跟工程相关的专业，只有最后一项没什么思路。当时在长长的学校和专业列表里碰巧看到湘潭大学的计算数学专业，考虑到平时自己的数学成绩还可以，所以就随机填了这个专业。记得当时填这个志愿时，我不明白"数学"前为什么还加了"计算"二字。我还特意去问了我的中学数学老师，他也不知道怎么回答。我心想反正这只是第三志愿，所以并未细究。谁知当年湘大有优先录取权，可能因为我的数学成绩考得不错，就这样我阴差阳错地开始了长达四十余年的计算数学研究生涯。

设想当初，我若因为没有被录取到自己更心仪的专业而倍感懊恼，对数学产生抵触心理，恐怕很难在计算数学领域取得一些成就。事实上，当我以现在的眼光去审视过去的自己，我才发现，当年我对数学这门学科的理解是非常片面的，对我现在从事的计算数学专业更是一无所知。正因如此，我特别庆幸当年的我虽然遇到很多数学难题却仍然坚持不懈；如果没有当年的努力与多年积累，我不可能拥有现在探索数学问题的乐趣。所以说，很多时候对某一专业的偏见可能是因为知识沉淀尚未到位。在你形成价值评价体系之前，又何谈所谓的喜欢或者不喜欢呢？说不定经过一段时间的学习，你会惊喜地发现，当初你不看好的领域有着美好的风光等你领略，之前遇到的不过是井底之蛙的困境。

选定研究方向之后，接下来面对的问题就是如何在所选的方向上有所建树。当然这个问题也是见仁见智，因人而异。下面我主要从学习方法、科研想法、信心这三个方面来谈谈个人的体会。

首先，大部分学科都有很多东西要学，要打好基础。正确处理好"博"与"精"、点和面的关系很重要。如果不精通某一专业细分领域的知识，盲目求广求宽，可能适得其反。抓住一些看似细小的问题，并设法将它们研究通透，然后由"精"而"博"，逐步拓展,才能稳步前进。这种治学方法在大学期间就对我有很深的影响:在基础课的学习过程中,我倾向于在每门课程的理论学习之余选一两个具体问题苦心钻研。通过对个别问题的深入研究,举一反三,提升了我对整个课程的学习兴趣,还让我处理起难题来更加得心应手。

其次,要想在科研上取得成果必须得有想法,不怕想法"笨",就怕什么想法都没有。现实情况是大部分人很难一下子就提出非常有新意的想法,所以要学会珍惜各种想法,别轻易否定!当我们有了一个哪怕看起来不太"聪明"的想法,也不妨先记录下来,然后多尝试一下。我自己从大学开始就一直有随手记录想法的习惯,并且我会不断地在演草纸上推演计算并结合新的知识对这些想法进行改写。

多年来我在与学生或者年轻学者交流的过程中,经常注意到这样一个现象:每当提出一个新的想法,大家开始总是习惯性地先看到其中各种可能存在的困难,并由此抱持否定的态度,秉着"这个想法看上去就不行"的观念想要说服我。但是事实证明很多时候这些想法可能不是真的不行,而是我们还没有达到一下子就找到解决方法的高度。

我认为更合适的处理这些想法的方式,应该是先将其记录下来,把遇到的问题分解成几个模块,大胆推导去尝试解决每一个模块的问题,不因某一模块暂时无法解决就望而生畏、停止尝试。前期不拘一格,后期严谨推导。这样一套流程下来，即使最终没有达到预期的目标，也能学会一些新的知识，说不定还可以"无心插柳柳成荫"——借此机会发现"新大陆"。要知道，很多非常有创造力的想法，都可能是在求证起初看似"笨"的想法中形成的。每一次尝试新想法，都是在锻炼自己的逻辑思考和解决问题的能力。但如果你总是否定自己的想法，一直保持观望状态而不去实际动手解决问题，是很难有进步的。

科研不是资深人士的专属，也没有必要一定要有足够的积累与准备，只要有想法，任何时候都可以开始。我在大学期间就喜欢考虑一些小的科研问题，培养自己对科研的兴趣。最后我写大学毕业论文时，尽管老师（陈传淼教授）给我的问题有些困难，但我当时抱着极大的热忱，一边学习与此问题相关的基础知识，一边从不同的角度钻研该问题，"现炒现卖"。经过几个月的不懈努力，取得了圆满的结果。最后我的论文受到答辩委员会老师的高度好评，并发表在湘潭大学校刊上。因为近年来经常看到许多结果与我的大学毕业论文有关，所以几年前，我把论文的翻译稿放到 arXiv 上，最近一看，居然有 40 多个引用。这个经历印证了"初生牛犊不怕虎"的说法，对我整个学术生涯影响很大。所以说，不要小看自己的想法和创造力。

再次，我想谈谈与信心相关的问题。我们需要对自己的判断有信心，对自己的能力有信心。我在攻读博士期间尝试一个定理的证明时,推导许久都不见有结果,直觉告诉我这个定理应该不成立,于是我决定转攻别的问题。没过多久,我的导师告诉我有一个知名教授与他的学生证明了这个定理,我觉得不可能,这个定理明明不成立怎么会被证明呢?心里憋着一股气的我当晚一回去就在寝室举出了一个反例。事实证明我是对的,最后这个反例还被整理成文章发表了。另有一次,我根据自己的经验判断一个定理一定是成立的,可是我苦心钻研多时都没有进展。放弃了尝试之后没过几个星期却在导师办公室听到这个定理已经被其他人证明了的消息。果然是对的!那一刻我仿佛被打通了任督二脉,一下子就在导师跟前将推导证明过程写在了他的办公室的黑板上。从那以后,我一直以此例告诫自己,一定要对自己的判断和能力有信心,不畏困难,坚定向前,并且相信自己肯定有能力摘取胜利的果实。

除了上面提到的这些方面,还有很重要的一点是每隔一段时间就要反思自己过去的所学、所得,总结经验教训,找到一条适合自己的路,坚定不移地走下去。这么多年来我也时常反思自己,计算与应用数学研究方向多元多变,我在力争站在研究领域前沿的同时,还时刻提醒自己要坚持自己的研究风格,不追逐时髦,致力于钻研对计算数学理论与实际有本质重要性的科研课题。

最后,我想说的是,投身科研除了天赋之外,更重要的是要有一颗坚守阵地的赤子之心。做科研是需要吃点苦头的,但在如今这个经济飞速发展的社会里,诱惑太多,选择更多,如果不能有理想主义的满腔热血,我想很难坚持下去。当年我还在湘潭大学读本科的时候,在长沙火车站偶遇一位胸前佩戴着北大校徽的学生,那一瞬间,那个校徽仿佛释放了无穷的磁力,我像丢了魂似的被"北京大学"那四个字牵引着跟在他身后走了好长一段路才回过神来。现在回想起来当时真是"傻乎乎"的,太呆了!可是我想正是这股让我丢了魂的"傻劲",才让我最终圆梦北大,让我在以后的科学研究领域发挥出超乎寻常的热情和能量。这也印证了我一直以来的观点:只要认定目标,再凭借锲而不舍的努力以及满腔热忱,很多时候都可以心想事成!

「影响人生的书单」

1. 斯米尔诺夫:《高等数学教程》,五卷二分册,人民教育出版社,1979年。这是我撰写大学毕业论文的参考书籍,此书帮助我顺利完成了科研生涯非常重要的第一篇论文(我文中提到的大学毕业论文)。
2. Stephen R. Covey, A. Roger Merrill, Rebecca R. Merrill:*First Things First*
3. 戴尔·卡耐基:《人性的弱点》
4. 尤瓦尔·赫拉利:《人类简史》

杨宝学

杨宝学，1962年3月生，吉林长春人。北京大学基础医学院教授。主要研究领域为药理学。代表著作有《药理学》、Aquaporins 等。

「治学感言」

教授是一个神圣而又有尊严的职位。

优秀的教授应该既是探索未知的科学家，又是传承已知的教师；优秀的教授应该通过著书立说将原创的学术思想无私地奉献给社会，并通过课堂教学把先进的科学知识深入浅出地传授给学生；优秀的教授应对其研究领域的进展发挥引领作用，对其学生理想的树立起到指导作用；优秀的教授在科研上不复制别人，在教学上不复制自己，创新应该是教授永恒的追求。

科学研究促进社会进步，人才培养支撑国家振兴。因此，潜心钻研、教书育人是教授必须承担的责任和为之献身的事业。

「影响人生的书单」

1. 罗广斌、杨益言：《红岩》
2. 尼·奥斯特洛夫斯基：《钢铁是怎样炼成的》
3. 艾捷尔·丽莲·伏尼契：《牛虻》
4. 曹雪芹：《红楼梦》
5. 罗贯中：《三国演义》

王剑波

王剑波，1962 年 4 月生，江苏南京人。北京大学化学与分子工程学院教授。主要研究领域为有机化学。代表著作有 *Recent Developments of Diazo Compounds in Organic Synthesis* 等。

治学感言

多年来一直缠绕在我心中的问题是，为什么科学是在西方而不是在中国发展起来的。文化背景导致的思维方式的差异也许是一个原因，但我觉得我们对于读书的态度更具有决定性。中国是文化古国，有重教的传统，然而大部分人读书的目的十分明确，就是为了入世和光耀门楣。因此，绝大多数情况下，读书的出发点不是为了追求真理。无数人寒窗数载，一旦金榜题名实现做官的梦想后就再也无心读书。

中国历史上的伟大学者大多是那些仕途不畅之人，如罗贯中、施耐庵、曹雪芹、徐霞客等；有的甚至惨遭酷刑，如司马迁。这些在当时的社会中贫困落魄却又不甘寂寞的人倾毕生之心血，默默潜心于文学创作或学术研究，反而取得流芳千古的伟大成就。而一些仕途顺达的读书人，虽然享尽荣华富贵，却如秋风落叶，在历史上消失得无影无踪。

今天的中国饱经百年沧桑，即将迎来民族复兴的曙光。在这个关键的时刻，更需要对传统进行深刻的反思。尽管科举考试早已被扫进了历史垃圾堆，然而功利主义在教育、学术领域依然根深蒂固，侵害民族的肌体。我们今天在教育以及科学研究中感受到的种种困惑，大多与此有关。我们唯有摒弃这些糟粕，才可能在科学、文化、艺术等方面为人类做出更大的贡献。

「影响人生的书单」

1. 保罗·肯尼迪:《大国的兴衰》。保罗·肯尼迪在该书中对 1500 年后世界力量的演变进行了详尽的分析。该书 1989 年出版时我在日本留学,当时中国和世界发达国家之间的经济发展水平差距巨大,特别是日本的经济力量如日中天。这对我们年轻人产生了很大的心理冲击,对国家发展的前景十分忧虑。当时读到该书,其中关于中国改革开放的描述,以及面向 21 世纪发展前景的预测,让我印象非常深刻。三十多年后再读该书,还是很佩服作者的视野,同时也感叹中国力量的上升远远超出了预期。

2. 林语堂:《吾国与吾民》。林语堂先生在该书中以独特的视角剖析了中国人和中国文化的精神和特质,语言诙谐幽默。该书 1935 年出版时,中国正处于历史的低点,内忧外患,民不聊生。作者尽管在书中冷静犀利地剖析了中国人和中国文化的诸多弱点,但是依然认为中华民族是伟大的民族,中华文明是古老而伟大的文明,定会克服困难,再次辉煌。今天再读林语堂先生的《吾国与吾民》,感慨万千。我们是否又到了一个需要重新认识自己、重新认识西方的时刻?

3. Peter Sykes: *A Guide Book to Mechanism in Organic Chemistry*。剑桥大学 Peter Sykes 教授撰写的这本教学参考书是有机化学的经典之作,已多次再版,并被翻译成十多种文字。有机化学在教学中容易被理解为需要单纯记住很多的结构、反应式的课程。我在做学生时读到 Sykes 教授的这本书,才对有机化学的本质有了比较清晰的认识,并坚定了从事有机化学研究的决心。我也十分钦佩 Sykes 教授对于教学的热爱,他不断完善该书,使之成为一本出色的教学参考书。

马伯强

马伯强,1962 年 7 月生,河南商丘人。北京大学物理学院教授。长期从事理论物理、粒子物理、中高能核物理、粒子天体物理学及宇宙学等理论研究。代表论文有 The Quark Spin Distributions of the Nucleon, Lorentz Violation from Gamma-Ray Burst Neutrinos 等。

治学感言

王国维在他的《人间词话》中谈到，古今之成大事业、大学问者，必经过三种境界："昨夜西风凋碧树。独上高楼，望尽天涯路。"此第一境也。"衣带渐宽终不悔，为伊消得人憔悴。"此第二境也。"众里寻他千百度，蓦然回首，那人却在，灯火阑珊处。"此第三境也。

由此理解做学问或做文章，尤为合适。第一境界，是说目标还不清楚，不知道怎样去做，这时的苦恼烦闷可用"望尽天涯路"来形容。第二境界，是知道目标是什么，这时要肯下苦功夫、花大力气去刻苦攻关，"为伊消得人憔悴"。第三境界，是明确知道了怎样去做，或者将大功告成，"蓦然回首"，这时才发现原来看起来遥不可及的事情就在眼前，"那人却在，灯火阑珊处"。

影响人生的书单

1. 孙振生编著：《易经今译》
2. 陈鼓应编著：《庄子今注今译》
3. 罗曼·罗兰：《约翰·克利斯朵夫》
4. 爱因斯坦：《爱因斯坦文集》
5. 李泽厚：《批判哲学的批判》

佘振苏

佘振苏,1962年8月生,江苏苏州人。北京大学工学院教授。从事湍流和复杂系统数学模型研究,主要研究领域涉及流体力学、应用数学、天文学、生物学和人体系统科学。代表著作有《人体复杂系统科学探索》《复杂系统学新框架》等。

治学感言

治学重在客观，首先要客观地尊重观察事实。研究初期比较容易做到客观，因为没有太多先入为主的想法。但在开始对事物产生一定的认识后，尤其是成为某个领域的学术权威以后，容易变得主观，容易以自己的认识为基准来取舍和评判观察事实。这对研究复杂事物是很不利的。

其次必须把握研究的大目标。尽管人们知道，将研究与个人的名利是非相联系是危险的，但个人狭隘的见解常常难以避免，需要时时警惕，尽量从大家的意见和长远的目标中吸取智慧。

最后值得一提的是学术团体的重要性。人类对自然的认识日趋复杂，个人难以面面俱到。依靠集体的力量和智慧，摒弃个人英雄主义，才能将学问做深刻，才能在对自然的探索中真正有所作为。

影响人生的书单

1. 老子：《道德经》
2. 《易经》
3. 《物种进化论》
4. S. B. 波普：《湍流》
5. 伯努瓦·B. 曼德布罗特：《大自然分形几何学》

朱彤

朱彤，1962年9月生，江苏宜兴人。北京大学环境科学与工程学院教授。主要研究领域为大气化学、环境与健康。代表著作有《大气污染跨省市联防联控的理论与实践——华北六省市联防联控保障北京2008年奥运空气质量》、*The Impact of Megacities on Air Pollution and Climate* 等。

治学感言

科研是一项挑战极限的活动，不仅是对人类知识前沿和智力极限的挑战，也是对仪器手段极限的挑战。很多科研活动需要在低温、高海拔等极端环境中进行，因此也是对人类体力极限的挑战。正是因为对极限的挑战，才让科研本身充满了无穷的魅力。而如何将这一挑战极限的活动变为有价值的新的知识，则离不开胡适先生倡导的"大胆假设、小心求证"的治学之道。对于环境科学这一与现实社会密切联系的学科来说，就是要强调对事实大量的观测，特别是在极限条件（如仪器检测的极限、性能参数的极限）下对未知事实的观测。还要善于从观测事实中发现能揭示新的知识的科学问题，提出科学假设，然后通过小心地设计实验来验证这些假设。

影响人生的书单

1. Atmospheric Chemistry: *Fundamentals and Experimental Techniques*
2. 特德·戈策尔、本·戈策尔：《科学与政治的一生：莱纳斯·鲍林传》
3. 威廉·曼彻斯特：《光荣与梦想》
4. 雨果：《悲惨世界》
5. 刘兆英：《老子新释》

许甫荣

许甫荣,1962年9月生,浙江嘉善人。北京大学物理学院教授。主要从事原子核理论研究。代表论文有 Enhanced Stability of Superheavy Nuclei due to High-spin isomerism, Mean-field Cluster Potentials for Various Cluster Decays 等。

「治学感言」

在科学研究中，兴趣和执着是两个非常重要的因素。只有对科学问题具有强烈的兴趣和孜孜不倦的追求，才有可能取得成功。我深深体会到，搞科学研究的人，特别是搞基础科学研究的人，要耐得住寂寞，甘愿平淡地生活。另一方面，我一直在提醒自己，作为一名大学教师，尽管科研任务非常紧张和繁重，但不能影响教学工作。全国人民把最优秀的学生送到北大，我们要对得起这些学生。

在大学里，培养一个学生的情商同样非常重要。在科学界，最成功的科学家往往是懂得交流、善于合作、有卓越领导力的人。科学不是一张纸、一根筋，科学家不是独行侠，特别是在全球化时代，更要走出实验室，和全世界最优秀的人去交流、去碰撞、去合作。我引以为豪的一件事情是牵线搭桥成立了中美核理论研究所，为年轻的学生、学者搭建了一个学术交流平台，使他们有机会接触领域内最杰出的科学家，一些学术灵感很可能就是跟这些最前沿的杰出科学家聊出来的。

「影响人生的书单」

1.《十万个为什么》

2. 艾芙·居里：《居里夫人传》

3. 爱因斯坦：《爱因斯坦文集》

邵元华

邵元华,1962年9月生,河南信阳人。北京大学化学与分子工程学院教授。长期从事软界面电分析化学、电化学传感研究。代表译著有《电化学方法——原理和应用(第二版)》等。

「治学感言」

老老实实做人，认认真真做事。做学问需要心无旁骛，看准方向，以解决科学问题为目标，追求一生。对待学生要因材施教，以身作则。

「影响人生的书单」

1. 《英汉化学化工词汇》
2. Allen J. Bard, Larry R. Faulkner：*Electrochemical Methods：Principles and Applications*
3. 金庸：《金庸全集》
4. P. Vanysek：*Electrochemistry at Liquid/liquid Interfaces*
5. 李煜：《李煜词集》

彭练矛

彭练矛，1962年9月生，湖南平江人。北京大学信息科学技术学院教授，中国科学院院士。长期从事电子显微学和碳基电子学领域的研究。代表著作有《碳基纳电子和光电子器件》等。

治学感言

记得在北大读本科时看到著名数学家笛卡儿的一句话,大意是说一个人所知道的就如一个圆内的面积,而不知道的就如圆外的面积。多年来的研究使我深有同感。

学生时代意气风发,觉得整个世界都属于自己,天下没有自己做不了的事。后来当研究生的时候更多的是致力于攻克一个个难关,享受的是每次成功所带来的巨大喜悦。后来博士毕业了,脱离导师独立做研究,开始感受到探索未知的艰辛,也有对前程的渺茫。但坚韧不拔的决心和对未知的无畏往往带来意想不到的突破,人生的价值得以充分体现。32 岁以来的教授生涯,体会更多的则是宇宙的广阔和个体的渺小,惊叹自然的伟大和时间的永恒。

影响人生的书单

1. 列夫·托尔斯泰:《战争与和平》
2. 罗曼·罗兰:《约翰·克利斯朵夫》
3. 王竹溪:《热力学与统计物理》
4. John M. Cowley: *Diffraction Physics*
5. P. B. Hirsch, A. Howie, R. B. Nicholson, D. W. Pashley, M. J. Whelan: *Electron Microscopy of Thin Crystals*

刘忠范

刘忠范，1962年10月生，吉林九台人。北京大学化学与分子工程学院教授，中国科学院院士，发展中国家科学院院士。主要从事纳米碳材料与纳米化学研究。代表著作有《石墨烯的化学气相沉积生长方法》《有问必答：石墨烯的魅力》《中国石墨烯产业研究报告》等。

治学感言

研究的乐趣在于过程,而不在于结果本身,因为过程之中隐藏着新的发现、新的发明和新的目标,这也是科学家乐此不疲之奥秘。

对于一个正常人来说,想做到高于平均值并不难,只要勤奋、认真和有责任心就足够了。但是,要做到出类拔萃,成就一番大事业,必须找到真正的兴趣所在,发挥自己的特长,全身心地投入。

永远不要给自己设置天花板,人生最重要的是探索的勇气和执着的追求。

影响人生的书单

1. Allen J. Bard, Larry R. Faulkner, John Wiley & Sons, Inc.: *Electrochemical Methods: Fundamentals and Applications*, 1980

2. Charles Kittel, Johns Wiley & Sons, Inc.: *Introduction to Solid State Physics. 6th Ed.*, 1986

3. Ralph H. Petrucci, William S. Harwood, F. Geoffrey Herring, Prentice Hall Inc.: *General Chemistry. Principles and Modern Applications. 8th Ed.*, 2002

4. 爱因斯坦:《爱因斯坦文集》,商务印书馆,1994 年

5. 梁实秋:《梁实秋散文精品》,浙江文艺出版社,1992 年

陈汝东

陈汝东，1962年11月生，山东利津人。北京大学新闻与传播学院教授。主要研究方向为修辞学、传播学、语言学等。代表著作有《修辞学教程》《新兴修辞传播学理论》等。

治学感言

所谓学术，本质上就是思想的创新与分享。学术研究大致有三种：一是现象研究，即对自然或社会现象加以分析、阐释；二是规律性研究，即对纷繁复杂的事物进行梳理、综括；三是思想的创新，即对人类社会或自然世界的看法。这三者既有联系，又有区别。思想的创新最为可贵。

两眼看世界。"闻道有先后，术业有专攻。"学无定法，法随人行。治学之道，自在心性。勤奋加天赋，功到自然成。治学中，一只眼睛要紧盯学术动态的演化，另一只眼睛应紧盯时代的发展。"文章合为时而著，歌诗合为事而作。"这样做出来的文章，才会有助于解决重大的理论问题和现实问题。

手脑行天下。学术研究讲究基础和积累，怎么积累？动脑、动笔、记诵、写作。古典修辞学中有"五艺"：选题、谋篇、记忆、风格、表达。记忆的好方法，就是背诵。懂了，还不够，得能记住，能表达出来。此外，还得经常动笔写文章，不断提高写作创新能力。我也有个"五艺"，那就是：理解、记忆、表达、应用、创新。

大学五境界。大学是一种生活方式，是一种人生追求，是一种生命理想，是真理的宇宙探测器，是人类思想进步的发动机。读大学有五重境界：参与、喜欢、热爱、享受、欣赏。刚入学，懵懵懂懂，是参与状态。逐渐开始喜欢自己的专业，热爱并享受大学生活；何时你懂得欣赏你的课，欣赏你的老师，欣赏校园中的一草一木，欣赏学术之美，那时，你就真的读懂了大学。

时时有阅读，天天有研究，周周有讨论，月月出成果，年年出人才！

「影响人生的书单」

所有的书都是旧知识，之所以要读，是为了厘清学术的脉络。

每一对父母都是一部书。

每一个学者都是一部书。

每一所大学都是一部书。

每一寸山河都是一部书。

每一个国家都是一部书。

父母之书哺育我成长，同行之书伴随我前行，大学之书引领我前进，山河之书赋予我审美，国家之书赐予我力量。

梅宏

梅宏,1963年5月生,贵州遵义人。北京大学信息科学技术学院教授,中国科学院院士,发展中国家科学院院士。长期从事软件工程和系统软件领域研究。

治学感言

2011年9月3日,在北大新生开学典礼上,我曾有幸作为教师代表发言。发言中我围绕"责任""刻苦"和"坚持"三个关键词和新北大人分享了为学、为研、为人的一些感受和认识。这里所谈的"感受"仍然围绕这三个关键词,略有展开。

"志存高远,行积跬步。"为学、为研首在立志,有了追求的目标,只需要脚踏实地地去实现。我以为,"北大人"这三个字所蕴含的核心价值应该是服务国家、服务人民的使命感,北大人应是负责任的人、有社会担当的人。唯有如此,一代代北大人才能够站在前辈的肩膀上,铸就北大未来持续的辉煌,努力为民族复兴和国家强盛奉献北大人应有的贡献。我期望如古人所云"修身、齐家、治国、平天下",成为北大人的选择。我自己走上科研之路,也是源于我中学时代的梦想,未来成为一位科学家。回顾过去,确是一程无怨无悔的逐梦之旅。

"书山有路勤为径,学海无涯苦作舟。"这两句诗从初中起,一直到现在,都是我学习和工作的座右铭。我从上小学开始,成绩就一直在同学中名列前茅,但我也较早就认识到自己并非天资聪颖,因此特别喜欢各种表达刻苦精神的格言警句,并一直以此要求自己。我还记得高中两年做的习题册垒起来比我本人还高;我的高考作文"读达·芬奇画蛋有感"也是从"书到用时方恨少"开始破题;我刚到北大时参与青鸟工程攻关,有几年的时间,除了周六和周日晚,每日上午、下午和晚上三班都会泡在实验室,熬更守夜撰写论文更是常事。"刻苦"奠定了我发展的基础,成就了我的现在。

"锲而不舍,金石可镂。"我的逐梦之旅并非一帆风顺,求学和工作中多次因遇到困难产生彷徨,也曾因较长时间的清贫而多次受到知名跨国公司的诱惑。但幸好,我终于坚持下来,才能在今天从事我喜爱的事业。西方有一个"一万小时"理论:在任何领域取得成功的关键跟天分无关,成功需要一万小时的精深练习和积累,这和古话"十年磨一剑"的道理异曲同工。我以为,学会选择和放弃,学会坚持,是成功的重要前提。

"知行合一。"王阳明的本意指认识事物道理与实行其事密不可分,应该说能达到这种境界的人并不多,因此也衍生出各种不同解读和用法。放到科研领域,特别是我们计算机这种技术学科,我以为,至少体现在学研和实践、理论和技术、技术和应用等关系的"合一"上,否则,难以做出真正有价值、有影响的成果。反躬自问,自己离"合一"仍有很大差距。

"做有用的研究。"这是我一直坚持的理念,既是学科特点所决定,也是国情阶段所决定,更是北大人责任感的体现。科学研究讲究"兴趣驱动",技术研发则大都是"问题导向"。计算机是一门技术科学,研究一定要瞄准实际需求。长期以来,我和团队科研工作的定位就是面向国家需求、面向实际问题选择研究方向，追求研以致用。2018年团队获得国家技术发明一等奖，这是北大历史上首次，也是计算机界首次，技术成果成功转化并服务于国家信息化战略重大工程。我想，这也是对我们长期坚守的回报。

「影响人生的书单」

1. 许仲琳：《封神演义》。小学三年级时读的第一本小说，书中千奇百怪、花样翻新的各类"神通"极大地扩大了我的眼界和想象，激发了我丰富的想象能力。敢于想象，也是追求卓越的必备素质之一。
2. 罗贯中：《三国演义》。初中时读了这本小说，迷上了"计"和"谋略"。但很长时间以后，我才开始领悟到"策略"或"战略"之重要。"不谋万世者，不足谋一时；不谋全局者，不足谋一域。"
3. 徐迟：《哥德巴赫猜想》。1978年春，郭沫若发表《科学的春天》的讲话，同年，记者徐迟撰写的报告文学《哥德巴赫猜想》发表，在全国引起轰动。"科学的春天"和陈景润的故事，给刚进入高中的我带来极大触动，从而萌生未来做科学家的理想。这是我走上科学之路的第一引领者。

4. 斯蒂芬·茨威格：《人类群星闪耀时》。全球化驱动人类命运共同体的构建将是不可逆的大势。把握现状、眺望未来，需要了解世界、了解历史。斯蒂芬·茨威格带给我们若干对人类发展进程形成重大影响甚至重大改变的历史时刻，以及在该时刻闪耀在人类穹顶上的群星，他们将改变你的格局和思想，指引你做出正确的人生抉择。

5. 王阳明：《传习录》。"立德、立功、立言"三不朽的思想家王阳明思想精华的原味记载，虽然远不能透彻领悟，但每读一遍总有收获，冀日积月累，走向"吾性自足"。"无善无恶心之体，有善有恶意之动，知善知恶是良知，为善去恶是格物"，字面理解易，亲身践行难！

苏晓东

苏晓东,1963 年 5 月生,四川眉州人。北京大学生命科学学院教授。主要从事结构生物学、生物化学与生物物理及基因组学研究。代表译著有《结构生物学:从原子到生命》等。

「治学感言」

可以说科学研究正在逐渐变为一种生活方式，以一个科学家的"偏见"，我觉得科学研究是一种理性、客观、有趣，也经常是激动人心的生活方式。爱好这种生活方式的人们将会从貌似艰苦枯燥、清贫寂寞的研究生活中得到莫大的乐趣，因为他们时常会注视着全世界只有他们自己最先知道的最新结果和发现。而其蕴含的自然宇宙规律及奥秘，会让艰苦工作多时（经常是经年）的科学工作者得到莫大的回报，倍感欣慰。

科研工作的原创性及很难预估结果的特点，使得它与其他工程技术类可计划的学科相比，非常不同。由于不知道路在何方，有时候甚至连大方向都看不清楚的情况下，科研工作的课题十之八九是要失败的。因此，必须有直面失败、屡败屡战的勇气和决心，否则很难将科研工作作为终身职业。当然，科学研究起始阶段的学习及选题应该具有可完成性及较大的成功率，科研课题的难度应该循序渐进，有所回报并且经常得到鼓励。

「影响人生的书单」

1. 劳拉·费米：《原子在我家中》。这本书是我在备战高考的时候抽空看的，至今记忆犹新。这本传记性书籍大概是我最早接触到的外国科学家传记，记录了既能武（实验）又能文（理论）的大物理学家费米教授丰富多彩、成果丰硕、兴趣盎然的故事，以及费米一家从故乡意大利背井离乡出走美国,并且成为国际上核物理领域绝无仅有的领军人物的辉煌人生。

2. 薛定谔:《生命是什么》。薛定谔是举世闻名的大理论物理学家,量子力学中的薛定谔方程即是他提出来的。在他学术生涯的后期,希望利用物理规律特别是量子力学的原理来解释生命现象,总结他关于物理及生命方面的系列讲座,写下了这本对生命科学具有深远影响的小书。尽管篇幅不大,但本书对于物理学家向生物化学方面的转化,特别是对于弗朗西斯·克里克和詹姆斯·沃森合作发现 DNA 双螺旋结构都产生过巨大的影响。时至今日,对于关心量子力学与生命规律关系的年轻学子来说,这本书仍然具有重大意义。

3. James Watson: *Double Helix*。DNA 双螺旋结构的发现者之一詹姆斯·沃森五十多年前所著。这本可能是科学家写得最畅销的纪实性书籍,迄今已售出几百万本,我国也有中文译本。本书是华生本人对于生物学中最重要发现之一——DNA 双螺旋结构的发现过程的非常个人及真实的记叙,值得推荐给所有读者人群。

4. Venki Ramakrishnan: *Gene Machine*。Venki Ramakrishnan 是 2009 年因为解析了生命活动中最重要的大分子复合物机器核糖体的晶体结构而得到诺贝尔化学奖的三个晶体学家之一。这是一本与 *Double Helix* 有着异曲同工之妙的书,它真实地记叙了个人在核糖体领域三四十年的工作，由逐渐发展、不断突破、互相竞争及至最后成功突破。本书两年前才刚刚出版发行，中译本出版在即，生物学工作者特别是蛋白质晶体学家（结构生物学家及学生）一定会非常喜欢这本书。

5. 史蒂芬·古尔德：《奇妙的生命》。本书是美国最重要的进化生物学家之一、古生物学家、哈佛大学教授史蒂芬·古尔德的经典科普专著，出版发行三十多年来获奖无数，全球销售量突破百万册。此书雅俗共赏，同时兼具科普著作的通俗性及科学专著的严谨性。古尔德教授以满腔热情和无比的智慧给我们讲述了寒武纪大爆发的精彩故事。此书在西方世界广受好评。国内也在十多年前翻译出版了此书，希望此书在国内也能够得到类似的热情追捧，为普及生命起源及演化的奇妙赢得更多年轻读者。

韩世辉

韩世辉,1963 年 10 月生,黑龙江哈尔滨人。北京大学心理与认知科学学院教授、北京大学 McGovern 脑研究所研究员。主要研究方向为认知心理学和文化与社会认知神经科学。代表著作有 *The Sociocultural Brain* 等。

「治学感言」

科学研究是追求真理的途径之一，是打破精神束缚、获得思想自由的一个过程，也是给自己的生命赋予意义的一种方式。科学研究不是生活方式唯一的选择，可一旦选择了它，真正爱上了它，并经过它的磨炼，便能感受到其中的激情与乐趣。从怀疑、苦思、求实、争论、坚持到豁然开朗与把握真理的喜悦，这样的过程重复再重复，像一次次穿过迷雾后的柳暗花明。科学无止境，科学研究给我们提供了一个又一个这样的探索途径。人生有限，科学研究给我们带来一次又一次的欣喜和升华。

「影响人生的书单」

1. 罗伯特·所罗门、凯思林·希金斯：《大问题》。作为一个可以思考的人，特别是作为受过高等教育并愿意思考生活的人，应该了解并思考的大问题。是的，大问题。
2. 蒙田：《蒙田随笔集》。关于人生的沉思与睿智让人变得冷静。
3. 卡尔·波普尔：《猜想与反驳》。激发对科学理论本质的思考。
4. 理查德·格里格、菲利普·津巴多：《心理学与生活》。心理学专业或非心理学专业，如果想了解自己和他人的心理活动，作为一名心理学教授，我愿意推荐这本书。

杨德峰

杨德峰，1964年1月生，河南信阳人。北京大学对外汉语教育学院教授。主要研究领域为汉语语法和习得。代表著作有《面向对外汉语教学的副词定量研究》《趋向补语的认知和习得研究》等。

治学感言

"淡泊明志,宁静致远""业精于勤,荒于嬉;行成于思,毁于随"是本人生活、工作、治学的座右铭。首先,要想在学业或学术上有所作为、有所建树,必须要有定力、沉得下心,坐得住"冷板凳",耐得住寂寞。因为做学问不仅很枯燥,而且不可能一蹴而就,"古人学问无遗力,少壮工夫老始成"。

其次,要"博学之,审问之,慎思之,明辨之,笃行之",即要多读书,常请教,勤思考,精心地辨别,专心地实践,及时把自己的所思所想形成文字,以备做进一步的思考或研究。

最后,还要不迷信,不随波逐流,有思想上的独立性。唯有如此,才能不为金钱、名利、浮躁等所干扰,才能不忘初心,砥砺前行。

影响人生的书单

1. 《论语》
2. 《孟子》
3. 《礼记》
4. 司马迁:《史记》
5. 罗贯中:《三国演义》
6. 施耐庵:《水浒传》

姚洋

姚洋，1964年11月生，陕西西安人。北京大学国家发展研究院教授。主要研究领域为中国制度转型、开放条件下的中国经济增长以及农村发展。代表著作有《制度与效率——和诺斯对话》等。

治学感言

来北大求学，目的一定不是为了找到一个好的工作，而是成为未来中国学术界、政界、商界的领袖。在本科阶段，不应太专注一个领域，而是要广泛涉猎。理科的同学要学一些人文和社会科学的知识，文科的同学要了解科学的进展，学习科学的思维方式。到了研究生阶段，则要专攻一个领域，论文更是要集中在一个小问题上，做出前人没有做出来的东西。无论是理科还是文科，理论创新都需要联想的能力，即在纷繁复杂、看似没有联系的事物之间找到关联。本科时期的宽口径学习为联想提供了想象的空间，而研究生时期的精深学习为联想提供了理论准备。北大的同学要有高远的立意，有舍我其谁的豪气，时刻准备着，成为社会的大脑、国家的栋梁。

影响人生的书单

1. 鲁尔多·洛克尔：《六人》，巴金译，生活·读书·新知三联书店。这本书是本科阶段对我影响最大的一本书。该书通过浮士德、唐璜、哈姆雷特、堂吉诃德等六人的故事，讲述六种人生态度。读完这本书之后，我坚定了既做浮士德，又做堂吉诃德的人生态度。浮士德是思想家，但坐而论道，没有行动；堂吉诃德是行动者，但却时常趋于鲁莽。两者的结合是一种完美的人生态度。

2. 托马斯·库恩:《科学革命的结构》,北京大学出版社。这本书是本科阶段一位同学推荐给我读的,是对我的学术态度影响最大的一本书。对我认识什么是科学、科学如何进化起到了决定性的作用,也指导了我之后的研究取向。无论是理科生还是文科生,这本书都应该是必读的经典。

3. "走向未来丛书",四川人民出版社。这套丛书是20世纪80年代对年轻学生影响最大的丛书之一,前后出版了几十种,对我们这代人认识西方自然科学、社会科学和艺术起到了重要作用,今天也不失为本科生的优秀课外读物。北大图书馆有全套丛书。

4. 贾雷德·戴蒙德:《枪炮、病菌与钢铁——人类社会的命运》,上海译文出版社。这本书用流畅的文笔和引人入胜的故事,从地理环境的角度讲述了五大洲的文明及其差异,以及为什么农耕文明发源于欧亚大陆。如果想了解人类文明的起源,这本书是必读著作。

5. 伊恩·莫里斯:《西方将主宰多久》,中信出版社。这本书是接着《枪炮、细菌与钢铁》写的,探讨的是欧亚大陆上东西方文明的分岔和融合,不仅有助于我们了解西方文明,而且有助于我们了解东方文明。另外,也让我们看到自然环境和气候变化对人类文明的限制和再造作用。

6. 钱穆:《中国历代政治得失》,九州出版社。在这本篇幅不大、写作于20世纪50年代的书里,钱穆先生为读者展现了中国古代政治的起源、完善和衰落。在他的笔下,中国古代政治并不像中学教科书告诉我们的那样黑暗。由于中国文化的世俗性,我国在人类的孩提时代就建立起国家和社会治理的有效模式,到唐宋时期达到了高度的政治文明。福山的《政治秩序的起源》关于古代中国的部分,基本上是重复钱穆先生的论证。

刘玉才

刘玉才,1964 年 12 月生,山东五莲人。北京大学中国语言文学系教授。主要研究领域为中国古典文献学、清代学术史和东亚汉籍研究。代表著作有《清代书院与学术变迁研究》《十三经注疏校勘记》等。

治学感言

孔子曰:"古之学者为己,今之学者为人。"作为中国古典学术研究者,应该摒弃浮躁,做为己之学,将先贤经典融入自己的生命,充分汲取其中营养,承担起为往圣继绝学的历史使命。

"板凳甘坐十年冷,文章不写一句空。"诚然是表现学术定力的美德,但并非闭门只读圣贤书。置身现代社会,我们还需要保有对学术的敏感,应当关注相近学科领域的研究进展,加强交流互鉴,获得共同语言,推动现代学术生态建设。

影响人生的书单

1. 《论语》,不是居高临下的人生训诫,而是一个智慧、幽默的老人的伦理絮叨,读之终身受益。
2. 《礼记》,看似平常的篇章,蕴含着丰富的哲理,经典细读之后,看待人生的方法和角度都会发生变化。
3. 《史记》,中国上古史的记录者,中华民族大一统观念的塑造者,无愧为"究天人之际,通古今之变,成一家之言"的传世之作。
4. 《荀子》,荀子思想既源出儒家,又批判地综合了法、黄老等各派学说,成为先秦思想的集大成者,而且深刻地影响了秦汉文化。

昌增益

昌增益，1965年1月生，江西萍乡人。北京大学生命科学学院教授。主要从事蛋白质研究。代表论文有 Regrowth-delay Body as a Bacterial Subcellular Structure Marking Multidrug-tolerant Persisters，A Genetically Incorporated Crosslinker Reveals Chaperone Cooperation in Acid Resistance 等。

治学感言

我认为,做学问需要永远保持一种学生心态。

求真,不是一种科学精神,而是获得科学发现的必由之路。因为在科学发现的过程中,待发现的规律是隐藏着的、无人知晓的,所以那些少数习惯于随意编造科学数据的人是无法发现这些深藏于看似混乱的现象之后的自然规律的,当然也就享受不到科学发现的乐趣了。在实验室中,我总是强调"看到什么就是什么"(我一般用英文表述这句话,就是"You get whatever you get")。

学问不是吹出来的,而是踏踏实实做出来的,是艰苦甚至是痛苦的体力和脑力劳动之后的微薄收获。

育人者,必先育己。否则不仅不能育人,反而会害人。培养学生,需要让他们学会的是,去读出他人没有写出的东西,听出他人没有说出的东西。对学生严格要求甚至惩罚时,需要从爱护他们的角度出发。

在人生的道路上,不断地会有成功和失败。不管是在每一次的成功还是失败之后,我都会要求自己从零开始。

影响人生的书单

1. 孙武:《孙子兵法》
2. 老子:《道德经》
3. 《论语》
4. Thomas S. Kuhn: *The Structure of Scientific Revolutions*
5. Arnold J. Toynbee: *A Study of History*

吴小安

吴小安，1965 年 2 月生，安徽安庆人。北京大学历史学系教授。主要研究领域为东南亚近现代史与华侨华人史。代表著作有 Chinese Business in the Making of a Malay State、《区域与国别之间》《燕寨集》等。

治学感言

学问，经典说法通常有三种境界：其一，"昨夜西风凋碧树，独上高楼，望尽天涯路"；其二，"衣带渐宽终不悔，为伊消得人憔悴"；其三，"众里寻他千百度，蓦然回首，那人却在，灯火阑珊处"。

问道求学的过程是一种充满激情、热爱、求索、登高、望远、困惑重重、豁然开朗、趣味横生和惊喜连连的复杂的心路智识历程。

学问，用现代大学之道的说法则有三个原则：其一，原典与求真；其二，质疑与创新；其三，人文与关怀。求学问道的过程是全人教育、学科训练和解构建构的知识生产与传承创新的一体化发展历程。原典与求真是基础和底蕴，质疑与创新是超越和提升，人文与关怀是目的和趣旨。

人的成长有不同的生命历程体验；学问的养成情同此理，一样经历启蒙、发生、发育、迷惑、苦闷、求索、彷徨、明理、自立、担当、不惑、超越等不同人生心路历程。

做人，需要身心健康、表里一致、内外兼修。做学问，需要兴趣热爱、人文关怀、质疑批判、严谨科学。能持久的、成为典范的、有意义的，方是真正的学问。学问不是自言自语、想当然的过程，需要有专业与社会的面向；思想与精神乃学问与人生的根本支撑，无论是人文社会科学还是自然科学莫不如此。

学问也不是象牙塔的游戏，是立足本土、针对问题、与时俱进、与世界同步的敏锐观察、探索和深刻关怀。这是学问之所以成为学问并不朽传承的关键所在。

学问通常与做人联系在一起，是谓"学问人生"。成为自己，是自主能动地做学问的开始；做好自己，才能做好学问。学问是讲求做人的，关乎品性，关乎视野。做人是一辈子的，关乎信念，关乎价值。做人是需要学问的，关乎本领，关乎担当。

学问是质疑与求真的，关乎真理，关乎创新。学问又是有丰富的个性与风格特征的，关乎国家，关乎社会，关乎文化，关乎族群。无论是做人还是做学问，都需要普世的关怀，关乎自然，关乎人类，关乎世界，关乎生命。做好人，需要从我、从小事做起；做好学问，需要从每日做好一件事开始。无论做人还是做学问，都无法回避其中必然经历的过程。

日积月累，行稳致远；宁静致远，守正创新。知识固然是力量，唯思辨与批判的知识才会光芒四射；才干固然亮丽傲人，唯家国情怀与人类大爱方是恒久宽厚的依托。

「影响人生的书单」

我的大学本科和研究生读书书目，主要限于1993年出国留学前的范围，这是我生命成长与智识底蕴养成的关键时期。当时我主要喜欢阅读各种伤痕文学、欧日现代小说、现代诗歌、各种名人传记，兼喜爱读大陆校园文学、中国台湾乡土文学与北美华裔文学等。当然也包括武侠小说，只不过是某些暑假空隙集中看,然后很快打住。

作为智识的比较、理解训练,一方面,我关注中文同义词、近义词与反义词的异同含义;另一方面,我也特别关注中英文单词、同义反义词的文化符号对应的关联和差异。我清楚地记得至今仍令我心动的书目:

1. 泰戈尔:《泰戈尔散文诗全集》(冰心等译)
2. 罗素:《西方哲学史》
3. 罗曼·罗兰:《名人传》(傅雷译)
4. 张承志:《北方的河》
5. 傅敏:《傅雷家书》
6. 《牛津高级英汉双解词典》(香港 20 世纪 80 年代初牛津大学出版社影印版)

陈刚

陈刚，1965年4月生，吉林省吉林市人。北京大学新闻与传播学院教授。主要研究领域为广告学与数字营销传播。代表著作有《创意传播管理——数字时代的营销革命》《中国乡村调查——农村居民媒体接触与消费行为研究》等。

治学感言

在北大,要以"永远做学生"的心态进行学术研究:一定要不断地学习,所谓学无止境,对新的事物、新的现象要始终保持好奇心;一定要对学术有敬畏之心,学术不是为稻粱谋;一定要对学术有热爱之心,学术研究是寂寞的,但在研究中逐渐找到感兴趣的问题、最有价值的问题,读书、研究、写作和教学就会充满喜乐。

影响人生的书单

1. 冯友兰:《中国哲学简史》,北京大学出版社,2012年
2. 霍布斯鲍姆:"年代四部曲",中信出版社,2014年
3. T. S. 艾略特:《四个四重奏》,漓江出版社,1985年
4. 恩格斯:《家庭、私有制和国家的起源》,人民出版社,2009年
5. 保罗·莱文森:《数字麦克卢汉》,社会科学文献出版社,2001年
6. 卢西亚诺·弗洛里迪:《第四次革命》,浙江人民出版社,2016年

张兴

张兴,1965年8月生,山东平邑人。北京大学软件与微电子学院教授。主要从事微电子器件与工艺、集成电路技术方面的研究。代表著作有《微电子学概论》等。

「治学感言」

本人自研究生毕业以来，承担了大量的科学研究、教学和管理等各方面的工作。经过这么多年教学科研工作的磨砺，我逐步从一个青年学生成长为北京大学的一位教师，其间有很多的苦辣酸甜，也确实有比较多的感受。但我认为给我感受最深的一点就是从事任何工作都要脚踏实地、任劳任怨，这是做好各项工作的前提。努力做好正在承担的每一件事情是我做事的基本原则，这一原则对我的工作起到了非常重要的作用。因为只有把目前承担的工作做好了，才会有机会承担更重要的工作，否则谁也不可能把重要的工作交给你去做，这样你就永远没有展示自己的机会。

「影响人生的书单」

1. 北京大学电子仪器厂半导体专业编著：《晶体管原理与设计》，科学出版社，1977 年
2. 施敏（S. M. Sze）：《半导体器件：物理与工艺》，王阳元、嵇光大等译，科学出版社，1992 年
3. 叶良修编著：《半导体物理学》，高等教育出版社，1983 年
4. 潘永祥等编：《自然科学概述》，北京大学出版社，1986 年
5. 约翰·奈斯比特（John Naisbitt）：《大趋势：改变我们生活的十个新方向》，梅艳、姚琼译，中国社会科学出版社，1982 年

孟杰

孟杰,1966年1月生,贵州大方人。北京大学物理学院教授,美国物理学会会士,欧洲科学院外籍院士。主要研究领域为理论物理和核物理,在原子核的手征对称性、相对论密度泛函理论、赝自旋对称性等方面有原创性贡献。

治学感言

我出生在贵州一个信息、交通极为落后的县城。七岁时失去母亲，生活很艰苦，课余时常去敲石子挣学费，买不起学习资料，只能向同学或到图书馆借阅，为了及时还书，总在煤油灯下读到深夜。中学时偶然读到一本线性代数书，激发了我对数学的兴趣和对知识的渴求，自学了高等数学和普通物理，阅读了大量的经典名著。

进入大学后，花了一年的时间强化英语学习，不仅在全校英语竞赛中获得第二名，而且能流畅阅读原版学术专著和刊物。在随后的学习和科研工作中，先后到过数十个国家，得到许多国内外名家大师的指点，与国内外同行的交流、合作和友好的竞争使我受益匪浅。总之，兴趣、勤奋、交流、合作、探索和创新，是我从事科学研究近二十年的一点粗浅体会。

影响人生的书单

1. 司马迁：《史记》。记忆最深刻的史书。
2. 顾迈南：《华罗庚传》。我读的第一本科学家传记。
3. 歌德：《少年维特的烦恼》。我读的第一本英文小说。
4. 曾谨言：《量子力学》，科学出版社，1981年。
5. P. Ring and P. Schuck：*The Nuclear Many-Body Problem*, Springer-Verlag, 1980。我读的第一本英文学术专著。

刘文剑

刘文剑，1966年3月生，山东栖霞人。山东大学讲席教授，曾任北京大学化学与分子工程学院教授。主要研究领域是相对论量子化学。代表论文有 Advances in Relativistic Molecular Quantum Mechanics 等。

「治学感言」

从事学术研究的时间不长，但已深深感受到其中的甘与苦。记得在发展 BDF 程序之初曾遇到很大困难，一些体系所得结果与文献有很大差异，但又找不出程序的问题。这期间有两年多的时间没有发表文章，几乎到了山穷水尽的地步。但是我仍然咬紧牙关坚持，直到有一天忽然发现了问题所在：原以为非常精确的差分数值基对高角动量轨道并不精确，需要做进一步校正。其后，BDF 的发展变得一帆风顺，有关文章受到审稿人和国际同行的高度评价，多次在国际会议上做报告。现在，BDF 已成为他人引用的标准缩写，有关结果被公认为该领域的基准（benchmark），以验证其他近似方法的可靠性。这告诉我们，只要坚持就会有收获！虽然目前急功近利的思想仍盛行于科技界，科学评价体系仍不完善，但我们仍然要坚持发展理论方法，而不是单纯地追求文章的数量。我们完全有信心将 BDF 程序发展成效率高、功能全、有自己特色的国际知名量子化学计算软件包，从而为改变我国理论化学强烈依赖国外商业软件的局面做出重要贡献。

「影响人生的书单」

1. I. N. Levine：*Quantum Chemistry*（4th Edition），Englewood Cliffs：Prentice Hall，1991
2. R. McWeeny：*Method of Molecular Quantum Mechanics*（2nd Edition），London：Academic Press，1992

3. Attila Szabo and Neil S. Ostlund: *Modern Quantum Chemistry: Introduction to Advanced Electronic Structure Theory*. Dover Publications, Inc., Mineola, New York, 1996
4. 金庸:《鹿鼎记》
5. 金庸:《天龙八部》

李迪华

李迪华，1967年10月生，湖南湘潭人。北京大学建筑与景观设计学院副教授。长期从事城市生态学与景观设计学研究和教学，主要研究方向为区域生态规划、自然与文化遗产和景观社会学。代表著作有《对土地与社会的观察与思考》《徒步阅读世界景观与设计》等。

「治学感言」

在所关注的各种探究中，我一直特别在意"真实世界"与"真实生活"。从真实世界产生的困惑助推我去探索，体验到真实生活的状态才能够让内心感觉安稳！

曾经认为，爱因斯坦的想象力是与生俱来的！直到阅读了《爱因斯坦文集》和《爱因斯坦传》才知道，他对人文关怀与人性关怀领域的贡献不逊于相对论。这让我相信，爱因斯坦的想象力源自对真实世界和真实生活的体验，所以他才会说"想象不会凭空产生"。

这个世界不应该存在闭目塞听的学问。读书可能是最快、最直接满足人的好奇心的途径。经常有种奇妙体验，想到获取哪个方面的知识，自己要看的书籍或资料就在眼前；开始阅读，自己想到的、能够表达的前人早已说清楚了。这时，坚持下去就会发现，自己想表达却没有表达出来的观点或想法，前人也已经帮你概述出来了。偶尔会被"自己的发现"鼓舞，不再在乎孰先孰后。哲人仿佛就在眼前，被思想进步牵引着前行，停不下来。

「影响人生的书单」

1. 詹尼：《土壤资源——起源与性状》。本科专业是土壤与植物营养学，属于农学中的基础性学科，知识覆盖面非常广。偶然的机会，在书店买到詹尼的《土壤资源——起源与性状》，阅读后兴奋无比，感觉自己数年所学从微观到宏观都有了联系，对专业方向有了新的想法。到燕园读研究生，和导师黄润华教授谈到《土壤资源——起源与性状》对自己的影响，导师说："这本书是李孝芳先生和我主要翻译的。"后来认识了李孝芳先生，知道李先生80岁了还经常去贵州扶贫，甚是敬佩。最后一次见到李先生是有一次她摔倒受伤后，不久就传来了李先生仙逝的消息。因为这个事情，开始特别留意环境中的各种容易忽视的危险，汇聚在一起呈现为2018年"'与人为敌'的人居环境"一席演讲，推动了越来越多的机构与个人更加关注环境品质。

2. 笛卡儿：《谈谈方法》。知道这本书，是在网上一篇文章中读到笛卡儿"第一哲学法则：除了清楚明白的观念外绝不接受任何其他东西"。买到这本书，很快发现根本不像前言中声称的那样，笛卡儿写了一本"通俗易懂的方法论"读物。每次拿起翻看一两页就睡眼蒙眬，一本小薄书居然一年未读完！有一天强迫自己半天看完，终于发现《谈谈方法》确实是一本通俗易懂的哲学科普读物。那之后，每个学期上课都要和学生分享笛卡儿的"哲学四法则"，以及"学者与农夫"和"登山迷路"的故事。我对现代性的认知深受这本书的启蒙。

3. 杜威：《我们如何思维》。十多年前苦于研究生学习中太被动，接受模糊玄妙观念，满足于一知半解，不敢表达自己的想法。深感是"教育出了问题",于是一股脑儿买了几十本关于教育的书,作者覆盖了笛卡儿、洛克、培根、叔本华、康德、福泽谕吉、罗素、艾默生、杜威、胡适、维特根斯坦和杜兰特。可谓病急乱投医,大部分书买来后只是翻翻而已。这些书中,罗素在《西方哲学史》中对"事实"的强调,杜威在《我们如何思维》中说"除了偶然情况外,只有在思维过程中获取的信息才能用于合乎逻辑的用途",深深地影响了我。

4. 梭罗:《瓦尔登湖》。坦率地说,购买《瓦尔登湖》是跟风,因为周围太多的人谈论梭罗,太多的人在文章中提到梭罗。读了一半,就读不下去了。阅读的体验和之前很多人提到的"索然寡味"感觉是一致的,一时不能理解为什么梭罗会如此受人推崇,为什么梭罗对今人如此重要!停留在这样的困惑中,十多年没有再去读《瓦尔登湖》。直到数年前,在和学生一起阅读艾默生的《论自然》时,梭罗的名字重新进入我的视野,于是再次找来《瓦尔登湖》。这次的版本包含了艾默生的《梭罗小传》,其中艾默生提到,梭罗的特别之处在于他善于从每一个瞬间发现所有的知识与联系。读到这句话,豁然开朗。

5. 艾默生:《论自然》。第一次读到这本书之后,它就没有离开过我和学生的书单。每个学期都要听艾默生在学生的读书报告中反复说"不要在自我之外寻找自立",每次都感觉自己又像是回到了原点。各种关于艾默生的介绍材料中,都会提到他被林肯总统誉为"美国文明之父",这令我一直好奇今天美国人到底如何看待艾默生。不过,坚持反复阅读《论自然》的动力是,艾默生让我坚信每个人都是独立的生命个体,每个人都和自然(我和我之外的真实世界,当下)存在着"直接联系",人可以超越他的感觉和理性直接探究其中的真理。还有另外一个理由是,在刘易斯·芒福德的《城市发展史》中反复提到他的名字。

6. 格迪斯:《进化中的城市——城市规划与城市研究导论》。从学习土壤学和生态学转行进入城市研究,记不清楚阅读了多少书籍,目的仅仅是为了理解什么是城市。最初,这本书与柏拉图的《理想国》、芒福德的《城市发展史》同时读,之后与《城市发展史》一起从未在我给学生的书单上消失过。这本书对我的意义在于反复提醒我,从柏拉图时代到今天人类社会关注的基本问题并无太大变化,探究真实世界的疑难问题的基本方法改变也不大,今天的问题解决方法前人大多尝试过。如果这是真的,如何与学生一起发现解决今天城市环境与人的问题的方案呢?如果不是真的,那又该如何做呢?我一直在这样问自己。

7. 芒福德：《城市发展史》。芒福德这个辍学大学生，认可格迪斯是自己的老师。在我看来，《理想国》《进化中的城市——城市规划与城市研究导论》和《城市发展史》应该是所有大学生的必读书籍，它们一起构成了直观的、能够用身体和感官去体验与表达的人类社会思想史。我从未把《城市发展史》当成城市研究专著，而是当作一部人类建设自己家园的思想史专著。有一天读到，芒福德被人认为是"人类最后一位伟大思想家"，颇感欣慰，自己的想法得到些微证实。中国正经历从乡村中国走向城市中国的进程，教育该如何服务这一历史性转变呢？芒福德说，"真正影响城市规划的是深刻的政治和经济的转变"，"城市应当是一个爱的器官，因而城市最好的经济模式应是关怀人和陶冶人"。

8. 李零：《丧家狗》。相信每个中国人内心都有一个理想，就是贯通中华文化经典，我也不例外。从大学开始，一直试图阅读四书五经，购买过各种版本，收集各种解读与研究它们的书籍。从岳麓书院到南怀瑾，越读越感惶恐，似乎从古人那里获得一鳞半甲都太难了。这种沮丧的感觉一直延续到有一天读了李零的《丧家狗》，书中讲到孔子如何对待被子路质疑的故事，才如释重负。不允许质疑的学问，求它何用！提到李零老师，分享一个有趣的片段。美国艺术与科学院公布李老师当选院士之后不久的某个傍晚,在楼下遇到李老师,他正推出一辆破旧的自行车,身着已经有些发旧的西装,脚踏一双布鞋。看着他淡然远去,止不住心怀敬意:这场景,在燕园,何止先生一人!

9. 邓晓芒:《新批判主义》。邓晓芒的《哲学起步》是读过的书中让我有"相见恨晚"感觉的一本。一直盼着有一本通俗易懂的哲学启蒙读物,能够中立地讨论真实世界和生活中的各种现象与问题,《哲学起步》就是这样一本书!不过,更大的读书收获来自邓晓芒的《新批判主义》。对这本书的大部分内容并不特别感兴趣,甚至只能理解到一些表面的东西。读到一半,突然开悟,包容是对自己而言的,只有自我反省才是真正有价值的!不是吗?只有能够包容自己可能会犯错、会被质疑、会被拒绝、会被排挤、会被孤立,才有可能直面任何发生的事实,保持思想自由并继续探究思想真谛。

10. 柏拉图:《理想国》。空闲时每次翻几页,都如同在市井中走过;或如在教室中与学生讨论,每一段对话都像是再现今天人们的生活。有一个非常有趣的现象,进入工业革命之后,很多哲人都感受到和我们今天一样的"信息爆炸",羡慕柏拉图时代的从容讨论,思考解决之道。《理想国》的意义在于,时刻提醒我们,人类面临的基本问题一直是那些，要不时回到原点。思想有了归途，探索才可能做到坐着"冷板凳"勇往直前。

11. 吴承恩：《西游记》。从小学看到现在，不知道磨烂了多少本（现在改在 Kindle 里读了），仍然兴致不减！今天，《西游记》的作用更多是催眠。无论工作多么繁忙，无论内心装着多少事情，睡前翻几页，品味一段孙悟空如何无敌无畏、永不言败，压力与烦忧就立刻被驱散得无影无踪。"数十年如一日"，从未失眠过。

凌建侯

凌建侯,1968 年 12 月生,浙江余姚人。北京大学外国语学院教授。主要研究领域为俄语语言文学、比较文学与世界文学。代表著作有《巴赫金哲学思想与文本分析法》《词汇与言语——俄语词汇学与文艺学的联姻》等。

「治学感言」

学问于我是"问学","问"是质疑叩问,"学"是读书研习,研读那些能够帮助答疑解惑的书,学"生活之书",阅"人生之书"。

我的问题大都与世界文学专业相关,涉猎的书自然涉及四大类:专业外语、文学作品、理论著述和史书。作为外语人从事文学教学与研究,我的理想,或者说我感悟到的一种追求,就是志趣引导,与学生一道畅游世界文学殿堂,特别是通过译介和比较,通过读通其中某些书,举一隅而三隅反,如此,落笔解答心中之问,方能让古今融会于心,让中外对话于识,让是非释然于怀,让天地了然于胸。

治学若是一座高塔,读书就是一架需要在"修行"中不断攀登的阶梯。我喜欢理论与文本分析的结合,特别认同俄国形式主义学派的一个观点:没有理论,选择和思考各种文学事实就会缺乏价值评判的原则,没有原则就会没有秩序,没有秩序各种材料就会杂乱无章。

我喜欢不急不躁地读书,特别认同"慢工出细活",与陈澧诗句"廿年记师说,书以置座隅"感同身受。学海无涯,书林有约,优游涵泳乎其间,快然自足,不知老之将至。

「影响人生的书单」

1. 《古代白话小说选》（上、下）
2. 普希金：《叶甫盖尼·奥涅金》（智量译）
3. 陀思妥耶夫斯基：《卡拉马佐夫兄弟》（荣如德译）
4. 钱中文主编：《巴赫金全集》
5. 金克木：《文化卮言》
6. 黄仁宇：《万历十五年》

何晋

何晋,1970年1月生,四川南江人。北京大学历史学系教授。主要研究领域为中国先秦史、历史文献学。代表著作有《战国策研究》《燕园文物、古迹与历史》等。

「治学感言」

感谢历史学科的训练,让我在任何时候都惯性保持着质疑、批判的自觉,但却不陷入悲观;让我在任何时候都保持着思考、学习的心态,但却清醒自己的局限。读书做研究,不敢说有所得,唯求常中之变、变中之常而已。

「影响人生的书单」

虽然工作之后读书成为日常,但回忆起来,对自己有所影响的书大都是中学、大学时读的书:

1. 泰戈尔:《新月集》《园丁集》等系列。给我最纯净的心灵之旅,中学读中译本,最喜欢郑振铎、冰心的译本,大学抄读了英文本。
2. 《鲁迅全集》。本科一、二年级全部读完,连日记也读过一遍。
3. 马克·吐温:《哈克贝利·费恩历险记》。高三时读完中译本,大学时又读了英文版。
4. 田余庆:《秦汉魏晋史探微》。微中知著,田余庆先生这本书百读不厌。
5. 《论语》

刘俏

刘俏,1970年5月生,四川绵阳人。北京大学光华管理学院教授。长期从事公司金融、实证资产定价、中国经济、产业政策和公共政策研究。代表著作有《从大到伟大》《我们热爱的金融》等。

治学感言

古典经济学大师马歇尔曾告诫经济学研究者要有"冷静的头脑、火热的心肠"（Cool Head, Warm Heart），这在很大程度上道出了经济学治学的核心要义——以科学理性的方法研究扎根实践的第一性问题。

大学，是学术真理诞生的思想园地，治学理应执着于学术的独立研究和真理追求。蔡元培先生曾说："治学者可谓之大学。"何为治学？我们可以称它为"无用"。这里的"无用"看似与经济学强调的经世济用矛盾，实则是相对短视、急功近利而言的。学术研究的对象是具有一般意义的重要问题，目的是增进对基础规律的认知，让人们不至于在同一个地方反复跌倒。一个毫无一般性，特殊得只能解释个别现象而无法伸展到其他现象的理论绝不是好的理论；一个具备解释一切现象的功能，在任何情况下都不可能错，无法被证伪、被更好的理论替代的理论，是典型的套套逻辑（Tautology），也不是好的理论。为此，治学须警惕缺乏形式逻辑和实证证据支持的漫天飞舞的"新概念"和林林总总、质量不一的"思想泡沫"。

好的研究、好的理论，基于科学理性的研究范式，它一定发端于实践、根植于实践，也将服务于实践。"没有什么比正确地回答错误的问题更危险。"（德鲁克）治学需要专注于"真问题"。事实上，人类文明的演进过程中，需要直面的"真问题"层出不穷。例如，我们至今无法解释为什么经济发展反而加剧了收入分配和禀赋的不平等，甚至伴随着社会阶层的固化以及人们对公共议题的讨论更趋极化；我们也很难解释为什么不断推陈出新的金融创新，高、酷、炫的金融概念，隐藏在海量数据和复杂的微分方程背后的各种估值模型，甚至金融活动组织形式上的大胆尝试等都没能有效降低金融中介成本这一事实……

如果说经济社会的演进是个"熵值"增加的过程，我们需要以"冷静的头脑、火热的心肠"直面人类文明演进过程中涌现的"真问题"。只有那些建立在严密的逻辑推理和实证分析基础上的科学研究，才能够真正帮助我们建立起对那些穿透时间、具有普适性的商业规律和经济规律的基本认知；而知行合一，努力去打破不断"熵增"的这个封闭系统，也将为崭新的学术思想的出现提供最丰富的土壤。"因真理，得自由，以服务"，是学术最大的胜利。

「影响人生的书单」

我曾是个狂热的读者，阅读兴趣比较广，涉猎也庞杂，读过的各种书肯定对我都产生过或深或浅的影响。下面几本是我近期经常会翻一翻的书，说不上影响人生，但确实印象深刻。

1. 司马迁：《史记》。鲁迅对《史记》的评价是"史家之绝唱，无韵之离骚"。我喜欢这本书更多的是将司马迁的个人遭遇与书联系在一起。遭受到司马迁的际遇，一般人寻求与命运和解的方式不外乎是认命，偃旗息鼓，自我放弃。命运给了司马迁一手烂牌，他却拒绝与命运和解，选择通过著史来为自己的生命寻找意义。正如他在《报任安书》中所述："欲以究天人之际，通古今之变，成一家之言。"虽然命运多舛，仍要给这个民族留点东西，给历史留个见证。这是读书人应该有的一种家国情怀。《史记》不是帝王将相史，它涉猎广而深。我最喜欢反复翻阅《刺客列传》，从中你会发现那些中国人独特的精神内涵和气质，这些或许是中华文明能够"历千万祀，与天壤而同久，共三光而永光"的原因。

2. 塞德希尔·穆来纳森（Sendhil Mullainathan）、埃尔德·沙菲尔（Eldar Shafir）:《稀缺》。塞德希尔·穆来纳森是公认的经济学天才，在经济学、心理学甚至人工智能等前沿领域发表了很多影响深远的学术文章。他发现人在面临稀缺性的时候去做决策，思考的"带宽"会变窄，也就是考虑问题的视野变得比较有局限性。"带宽"的英文是 Bandwidth，当你的"带宽"变窄的时候，相当于上天给你的思考征了一个税，书里用的是 Bandwidth Tax（带宽税），这样理性成分减少，思考局限性凸显。比如当我们赶时间时，通常都很着急地去完成任务，而无暇顾及怎么更好地完成任务。显然，我们的"带宽"缩短了。另一个例子是人们介绍这本书时常常提到的，穷人因为贫困，面临财富和选择上的稀缺性，他们决策时"带宽"很窄，很难做出聪明且有全局性的决定，即俗话说的"贫穷导致蠢笨"。

我喜欢这本书主要基于两个原因：第一，作者的叙述和例子都是以学术研究为基础的，有很强的说服力。学院派的经济学家经常被质问他们所做的纯学术研究有什么价值，看过这本书的人应该会对学术研究的意义有非常真切的认识。这些看似"无用"的思考让人能更好地认识自己，而且这些研究结论对公共政策的制定有很强的启示作用。比如"扶贫"，与其授之以鱼，不如授之以渔，通过教育增加穷人思考和决策时的"带宽"，比单纯的金钱馈赠要有效得多！第二，书里的很多分析和结论对于我们所处的这个急剧转型的时代特别有启发意义。因为稀缺性，大家看问题和做决策时普遍"带宽"不足，习惯性地选择从偏狭的角度看问题，缺乏更宏大、更包容的视野。在真实信息稀缺的时候，非理性的情绪很容易导致人们对问题判断的极化。因此，我们应该更多地去考虑怎样增加自己的"带宽",以包容和开放的视野去看待一件事。这一方面需要我们有意识地去提醒自己克服思维上的懒惰,另一方面需要我们建立一种机制去帮助人们增加"带宽"。解决"带宽"不足最好的方式是教育,是具备透明性和更全面、更多元的信息来源。

3. 托马斯·皮凯蒂:《21世纪资本论》。这也许是21世纪迄今最具影响力和争议的经济学著作。皮凯蒂仔细整理了欧美大部分国家18世纪以来的收入和财富数据,仔细分析了全球财富分布近三个世纪的动态变化及背后的原因。本书资料翔实,基于数据和实证事实的逻辑论证自成体系,洋洋洒洒七百多页主要围绕着一个不等式:r>g,即资本收益率大于GDP增长率。皮凯蒂基本观点如下:因为r>g这一客观事实,收入将更多地被分配给资本而非劳动力,长此以往,资本拥有方即资本家拥有的财富将越来越多,出现财富集中在少数人手里的严重不平等。对此,皮凯蒂提出的解决方案是降低r,即实施对资本(财富)的累进税率。

在我看来,皮凯蒂的论证逻辑里有两个缺环。其一,他忽略了社会阶层的流动性所起到的积极作用。财富向资本集中或是事实,但十年前的资本方与十年后的资本方并非同一群体。美国有5%的人口曾出现在最富有的1%人口中便是一个例子。皮凯蒂讨论的是长期均衡，但长期以来，财富是向同一群资本拥有者集中吗？加州大学戴维斯分校经济史大家克拉克在 *The Son Also Rises* 中估算出大部分国家上一辈与下一辈收入的关联系数为 0.3 ~ 0.5。虽然财富的关联系数要高一些，假如说是 0.6 的话，那三代后，0.6 的三次方是 0.216，即这一辈的财富水平与三代后的财富水平之间的关联度只有不到 22%。中国人讲富不过三代，就是这个道理。其二，贬抑资本收益率一定是利大于弊吗？经济学里的锦标赛理论（the Tournament Theory）强调充分的奖赏是激励团队成员奋发向上的动力。追求高资本收益率（书中的 r）是企业家精神的源泉之一，更是经济增长（书中的 g）的重要动能。单方面降低 r 或会带来不期结果——创新精神和社会活力的散失。事实上，中国经济过去四十年蓬勃发展很重要的一个原因就是国人努力工作、力争向上，没有在自怨自艾中放弃自己这种精神气质。

因此，解决问题的关键是用制度、用公平公正的社会环境改变社会阶层固化的现状，给人们提供更平等的禀赋资源，增加社会阶层的流动性。这一过程中能够起到更显著效果的是社会最底层、财富水平最低的20%的人。怎样通过一系列公共政策让他们摆脱贫困,获得发展向上的机会? 2015年诺贝尔经济学奖获得者安格斯·迪顿(Angus Deaton)把人类改变宿命、实现社会等级跨越叫作"大逃离"(the Great Escape)。努力创造财富,对社会不公抱有悲悯之心,帮助不幸处于社会底层的人们实现大逃离,是现代人应该努力追求的道德操守,更是制定公共政策重要的出发点。

皮凯蒂提出了我们这个时代最重要的第一性问题:资本主义的长期发展导致了贫富悬殊的加剧。在主流经济学研究长期只关注效率而忽略公平的大背景下,无疑醍醐灌顶。虽然他的论证逻辑有缺环,提出的解决方案似乎也缺乏操作性,但研究的真谛是提出重要的问题,绝非给出安全且皆大欢喜的答案。从这个角度讲,《21世纪资本论》是一本了不起的著作。

王曙光

王曙光,1971年9月生,山东莱州人。北京大学经济学院教授。主要研究领域为中国农村、中国发展战略。代表著作有《中国农村》《维新中国》《中国扶贫》等。

治学感言

北大在历史上曾以"博学、审问、慎思、明辨"为校训，我觉得是非常精当的，现在应该恢复这个校训。

所谓"博学"，乃是要求学者首先成为知识广博的人，他对事物背后隐藏的真理有着广泛的兴趣；他不仅是一个领域的专门家，而且应该是一个学识闳富、趣味广博的研究者。

"审问"，乃是要求学者必须对事物有着精细深刻的研究，对世界的本质与根源做深入的探讨与不懈的追问，穷根溯源，孜孜以求，对真理怀有执着的信念。

"慎思"，乃是一切学者最根本的素养，即运用自己的理性，慎重而独立地得出判断，这就要求他不追随他人的成见，不依傍以往思想家和同时代学者的教条，不理会这个世界的喧嚣，以自己严肃认真的思考对客观世界做出最终的裁决。

"明辨"，乃是要求学者在面对流行的各种思想与意识时，能明智地辨别其中的是非，这也就意味着一种判断力的养成、一种独立的理性思考能力的养成。

对一个有志于终生从事科学工作的年轻学者而言，我体会到以下三种素养或态度也许是最重要的，那就是独立精神、批判意识与真正的人文关怀。独立精神乃是前面所述"慎思明辨"的根本要义，科学工作者，不管是自然科学工作者还是社会科学工作者，都必须充分运用自己的理性，在真正科学研究的基础上创造知识，发现真理。在这个过程中，学者是一个自由的人，也是一个勇敢的人——他不被潮流所裹挟，在大众的主流意识形态和主流学术思潮面前保持宝贵的冷静与中立姿态，并在各种社会利益集团和大众传媒的压力面前保持研究者的独立性与学术自由。批判意识乃是对任何现存的学术研究成果和范式的一种敢于反思、敢于质疑的勇气，要抛弃对于任何成说的盲目接受与膜拜的态度，应树立学术自信心。然而，独立精神与批判意识只是一个真正的学者的要素，要使一个学者成为严格意义上的知识分子，还必须具备一种深远的人文关怀。

一个具备相当高的科学成就的科学家，假如没有更为广阔的人文关怀，没有关注整个人类价值与前途的宽大胸襟，则只能是一个具备工具理性的专家，只能是一个"单向度的人"，只能是一个人格萎缩、灵魂矮小的"知道分子"。

爱因斯坦曾经告诫科学家说："关注人本身，应当始终成为一切科学上奋斗的主要目标……当你埋头于图表和方程式时，千万不要忘记这一点！"(《科学与幸福》) 近代以来，理性主义、科学主义的泛滥已经使真正的人文精神大大衰微，大学中的社会科学教育已经沦落为一种纯粹工程学式的教育，在那些貌似科学的理性的冰冷的模型里，看不到对人的关怀和对人的价值与尊严的追求，而是抽象掉所有的人文视角，退化为一种纯技术性的分析。经济学家、社会学家和法学家，为了使自己的研究更接近于所谓"科学"的标准，正在更多地热衷于构造完美的理论模型,陶醉于闭门造车过程中的理论快感,而不关注真实世界中人的境遇和价值。

然而,任何真正意义上的科学研究,其最终目的乃是提升与改善人的境遇,乃是人的自由和价值的重新发现与人的幸福和尊严的实现,这也就是学者和知识分子"对人类幸福所负的责任"。

「影响人生的书单」

对于学习经济学乃至所有研习人文社会科学的大学生来说,一些中国思想史的基本书目是必读的,比如《大学》《中庸》《论语》《孟子》,即所谓"四书";《周易》《老子》《庄子》这些经典也应该是基础读物。

后世宋明理学诸家著作也可涉猎,比如《近思录》《传习录》等。自然,这些书适合终生反复诵读,不单是大学期间浅尝而已。

经济学的学生以及其他人文社会科学的学生还应具备基本的史学基础,国史方面较为系统者如钱穆《国史大纲》、吕思勉《吕著中国通史》、白寿彝《中国通史》等皆可披览,《剑桥中国史》等国外著作可供参照,断代史与专门史著作不计其数。

世界史部分可看斯塔夫里阿诺斯《全球通史》以及布罗代尔等人的著作，聊作粗解西方历史发展之助。外国经济思想史方面，亚当·斯密之《国民财富的性质和原因的研究》、马克思之《资本论》、凯恩斯之《就业、利息和货币通论》这些经济学经典号称难读，可稍做涉猎；后来者如李嘉图、李斯特、熊彼特、哈耶克以至于诺斯等当代经济学家之经典，也应粗览一过。

中国经济思想史方面，赵靖《中国经济思想史》五卷和胡寄窗《中国经济思想史》三卷可通读之并相互对照。至于研究中国经济某具体方面之著作，则浩如烟海，各依兴趣拣择可也。

大学本科之时，阅读宜如"攻城略地"，范围要宽，趣味要广，根基要厚，为以后的专门研究打下基础。

徐晶凝

徐晶凝，1971年11月生，山东威海人。北京大学对外汉语教育学院教授。主要研究领域为应用语言学与汉语教学语法。代表著作有《现代汉语话语情态研究》《汉语语法教程——从知识到能力》等。

「治学感言」

多读书、勤思考、多进行学术交流，缺一不可。要对学术研究抱有发自内心的热爱，永葆热情，只有这样才能在科学研究工作中获得成就感与满足感，从而不断地汲取新知识，不断地寻找新的挑战。这种单纯的精神享受正是科学研究工作的最大魅力。如果感受不到科研的乐趣，最好不要选择这条职业道路。

科研工作者需保持住对学术研究的敬畏之心，堂堂正正，不弄虚作假。每一位科研工作者都有责任维护学术共同体的良好风气，承担起应负的社会责任。

「影响人生的书单」

1. 《论语》，包含诸多为人处世的道理。
2. 艾芙·居里：《居里夫人传》。居里夫人的精神以及人生追求，对年轻时代的我来说具有强大的吸引力。
3. 克里斯多福·孟：《亲密关系》。可以帮助我们了解恋爱、婚姻关系的秘密，了解自己，非常建议年轻人读一读。
4. 朱德熙：《语法讲义》。大学时代第一次阅读此书，萌生了攻读语言学方向研究生的梦想，从此在这条路上耕耘至今。

张沛

张沛,1974年4月生,山西太原人。北京大学中国语言文学系教授。主要研究领域为西方文论、英国现代早期文学。代表著作有《隐喻的生命》《中说校注》等。

「治学感言」

　　学术问题本身即是时代和社会问题的一种反映，尽管它们并不完全同步或重合。学术有其实际面对和需要解决的问题，但这些问题不一定都是"社会问题"或必须围绕它们展开。

　　文学研究兼容并包，从来不是一个单纯的"华屋"（House Beautiful）或自我封闭的桃源秘境，但它自有根基和家门。研究文学而忽略文学本身——语言、文本、阐释传统——或有可能导致为了"预流"并迎合"时代精神"而逢迎强权、歪曲历史、恣意发挥的"思想（史）"研究，对此我们应有足够的反思和警惕。

「影响人生的书单」

1. "四书"

2. 杜甫诗集

3. 黑格尔：《精神现象学》

4. 金庸：《笑傲江湖》

汲传波

汲传波，1977年1月生，山东莒南人。北京大学对外汉语教育学院教授。主要研究领域为面向第二语言教学的汉语语体语法研究、教师认知研究、语言生活状况研究。代表著作有《强调范畴及其若干句法研究》等。

「治学感言」

　　对外汉语教学（汉语国际教育）作为一门重要的交叉、应用型学科，至少与语言学、教育学、心理学、跨文化交际学等学科密切相关。该学科的重要特点是其主要关注汉语作为第二语言的"教"和"学"，即关注"教什么""怎么教""怎么学"的问题。该学科的选题大都是基于汉语作为第二语言课堂教学实践的真实问题，不作无病呻吟的文章，重视科研与教学实践的紧密结合。

　　因此，本学科的许多研究成果看起来并没有那么"高大上"，但是却能真正解决实际教学问题，能够真正达到教研相长、相互促进。另外，汉语教学标准、考试标准、教师标准等应当而且也必须要由中国来创建，北京大学的学者责无旁贷。

　　该学科与"一带一路""孔子学院""讲好中国故事"等息息相关，这也需要学者在关注学科具体问题的同时，服务国家、服务社会，推动汉语国际传播事业的健康发展。由此而言，对外汉语教学（汉语国际教育）并不是可有可无的学科，是需要在"双一流"建设中给予大力支持的年轻的交叉学科。

「影响人生的书单」

1. 吕叔湘：《中国文法要略》，商务印书馆
2. 赵元任：《汉语口语语法》，吕叔湘译，商务印书馆
3. 崔永华：《汉语教学名家文选》（崔永华卷），北京语言大学出版社

4. 罗德·埃利斯:《第二语言习得概论》,商务印书馆
5. 海伦娜·柯顿、卡罗尔·安·达尔伯格:《语言与儿童》,外语教学与研究出版社
6. 吴中伟:《怎样教语法——语法教学理论与实践》,华东师范大学出版社
7. 李宇明:《李宇明语言传播与规划文集》,北京语言大学出版社

向勇

向勇，1977年8月生，四川宣汉人。北京大学艺术学院教授。主要研究方向为艺术管理、审美经济与文化产业。代表著作有《文化产业导论》《文化立国》等。

「治学感言」

独立的学术研究是知识分子的基本行为画像。面对北京大学深邃的人文传统和中国深厚的文化资源，我们就像面对庞然大象的盲者，任凭我们多么努力，也只能触摸到这巨大身躯的某个部位。我们始终无法穷尽，我们只能无限逼近，在同行中引领一种"顶天立地"的学术思想，在校园里营造一种"欲罢不能"的精神气质。北京大学守护着一种传统中国与现代中国相互辉映的学术价值和人文传统，将学术与真理捍卫成一种神圣的精神和高远的追求，让我们这群后学晚辈始终如一去恪遵崇奉。因为真理在那里，因为燕园所充溢的人文环境和精神氛围在那里，这将一直激励自己潜心学术、服务社会。

「影响人生的书单」

读书是我的一种生活方式。无论是在娴静的居室之内还是喧嚣的旅途之中，书都是我忠实的伴侣。

1. 我第一次读到的课外读物，竟是小学一年级在县城图书馆读到的一本《星星诗刊》，在懵懂的少年时代开启了艺术与文学的瑰丽清梦。20世纪90年代的《读书》杂志告诫了我什么是知识分子的思考、焦虑、责任和担当。

2.《中国哲学简史》让我管窥中国哲学的魅力，教会我不断注重自己人生境界的提升和胸襟气象的涵养。

3.《传习录》和《坛经》让我学会慎独时如何自我反省和心灵安住。

4.《社会契约论》促使我思考人与社会、人与人之间的连接方式和结构秩序，形塑了我观看现实社会的视角和立场。

5.《培根随笔》的文字简洁优美，在字里行间流淌着清丽而流畅的睿智哲思，启发我思考人生的意义与价值。

魏坤琳

魏坤琳,1978 年 2 月生,湖南湘潭人。北京大学心理与认知科学学院教授。主要研究方向为脑科学和认知科学,借助心理物理学、虚拟现实和脑成像技术等研究人的感知运动控制的机理。代表论文有 Computer Use Changes Generalization of Movement Learning 等。

「治学感言」

学习对我而言，已经远远超越了在学校学习的范畴。获取好成绩、得到好工作可以是学习的外在动机，但我用心去读书和做科研却是由对大自然规律的好奇所驱动。目前认知科学发展迅速，它融合了心理学、神经科学、语言学、人工智能、人类学、教育学、哲学等几大学科，为探索人类心智的奥秘、引导人类未来发展起到了越来越重要的作用。在这个大的范畴之下，需要阅读的书籍很多，我只能列出一些对我自己的学习有所启发的书籍。

「影响人生的书单」

1. 《心智探奇》(*How the Mind Works*)：史蒂芬·平克写的有关心智的综述性著作，虽然其思想侧重于把人的心智当成计算需求的产物，因此有其稍微偏颇的局限性，但不失为一本激发对心智奥秘兴趣的经典之作。
2. 《超越智商》：凯斯·E.斯坦诺维奇写的一本有关人类理性思维的书，他结合了心理学和脑科学的成果，反思了智商或者聪明的定义，对我们了解人的思维、教育、个人发展有启发作用。

3. James Gleick：*Chaos: Making a New Science*，有关混沌学（或者复杂系统、巨系统学）的一本非数学的入门书，写得很精彩。对复杂系统特性的理解和把握，有助于我们构建看待社会、生命系统、互联网等复杂系统的正确方式。

4. 《象与骑象人》：一本心理学的极佳入门书，借用人的心智的外显和内隐组块的隐喻，结合了认知科学的诸多研究成果。作者的视角偏积极心理学，因此对人的生活态度也有很大启发。

5. 《人类简史》：简短但是跨度很大的一本有关人类历史的书。其实，作者的观点在很多其他心理学家、语言学家、进化学家中都能找到出处，但是不代表作者没有原创性。他原创的核心是把诸多学科串在了一起，展示了人类发展的某些脉络。不仅能拓展知识，对拓展思维（宏大叙事、跨领域知识结合等）也有很好的启发作用。

孟涓涓

孟涓涓，1983 年 5 月生，云南个旧人。北京大学光华管理学院教授。主要研究领域为行为经济学和行为金融学。代表论文有 Can Prospect Theory Explain the Disposition Effect? A New Perspective on Reference Points 等。

治学感言

我对"人"一直有着强烈的兴趣。我们的嫦娥登月了,我们的蛟龙下海了,大到星辰宇宙,小到微观粒子,我们都有所了解了。但我们足够了解自己吗?自己是怎么思考问题、怎么做决策、怎么受情绪影响的?为什么我们会犯错、会后悔、会从众?我的学术研究来源于这份好奇和热情。行为经济学基于量化分析和理论建模的科学方法探索人的非理性行为及其经济影响。每一个研究都让我对"人"了解得更深入、更全面,并最终希望能够通过政策设计帮助到所有身不由己犯错误的人。

影响人生的书单

1. 埃克哈特·托利:《当下的力量》,中信出版社。翻开书的目录,你便会觉得它十分有趣。它介绍人的思维运作模式,比如意识、潜意识、决策等。其实我们很多人并不了解自己的大脑,我们每天在做各式各样的决策,但原因可能在我们的意识之外。它强调感悟内心。思维也会创造很多"陷阱",会"奴役"人的感受,有时候我们一直在思考,逻辑思考过于发达时反而会忘记甚至压抑了自己的感受。这本书会介绍如何从思维陷阱中跳出来,客观地觉知你的思维和状态。在读这本书之前,我的读书和生活是分开的;读完这本书后,它的力量融入了我的生活。我时常会静下来体会书的内容在我身上当下的应用。生活和世界中有着各种各样的压力,现代人也常陷于焦虑。有时我们无法改变外部世界的限制,但是可以改变自己应对焦虑的心理。人如何觉悟到自己内心的力量,这本书会指引你。

2. 斯科特·派克:《少有人走的路》系列,吉林文史出版社。美国著名心理医生斯科特·派克在这套书中分享了他职业生涯里的案例与经验,阅读时仿佛跟随着他走入了心理咨询室,走入了许多人的真实故事与内心世界。人生最重要的课题是了解自己的内在。了解后,我们能够增强对他人的共情力,也有了对自身心理状态的理解力。每个人都需要这样的精神力量让自己过得更好。

3. 尹建莉:《最美的教育最简单》,作家出版社。学龄前孩子的经历对其一生都有重要影响。这段时间是否得到足够的爱、陪伴、尊重和支持,决定了孩子长大后能否发展出安全感、好奇心、共情力、适应力等在人工智能时代关键且不可替代的人类能力。这本书介绍了父母与孩子之间最简单却又最美的相处模式。作者在充分理解人性的基础上,希望有一种互相关爱、互相平等的美好亲子关系。它不仅指引了如何处理亲子关系,对于师生关系和其他人际关系等都具有启发意义。

4. 王立铭:《生命是什么》,人民邮电出版社。这是一本有趣易读的科普书，适合各个领域想了解生命科学的人来阅读。它详细地介绍了生命的起源和演化过程，涉及脑科学的部分更是有料有趣。从生命的历史中，我们认识自己，也思索人类生命的未来。

5. 迈克斯·泰格马克：《生命3.0——人工智能时代，人类的进化与重生》，浙江教育出版社。这是一本关于未来的书，它围绕"在人工智能时代，人的生命形态将会怎样进化"这一核心问题展开畅想。书里有许多专业严谨的科学知识，比如物理学方面的讨论极大地拓展了我的眼界。从科学的角度切入，来理解生命如何产生、人类历史如何产生。既有科学前沿的未来感，又能紧扣"人"的本质这一根本问题。

摄影：蔡思良、蔡翔宇、黄昭华、聂铭均、谭诗颖、王天天、谢昊、曾亮、钟洁岚